제자백가 사상 (춘추의 사상과 전국의 패권)

혼란과 발전의 ~~~~~~~~~~~ 위대한 사상가들의 역사

동해
황해
동중국해

공자

[제자백가 사상] 주요 연표

BCE		
	·771년	신후가 북방의 견융과 함께 수도를 공격, 서주왕조 멸망
	·679년	제 환공 관중을 등용하여 최초의 패자가 됨
	·551년	공자 출생
	·516년	공자 35세. 노나라 소공 제나라 망명. 공자 제나라로 가다
	·479년	공자 사망, 묵자 이 무렵 출생
	·403년	한·위·조 제후로 인정받음. 전국 시대 시작
	·372년	맹자 출생
	·259년	진왕 정(후일의 진시황) 출생
	·221년	진이 제를 멸망시키고 천하통일

제자백가 사상

Thinkng Power Series - World History Collection 05
Contention of a Hundred Schools of Thought

Written by Kim Sang-kee.
Published by Sallim Publishing, 2018.

제4차 산업혁명 세대를 위한
생각하는 힘 세계사컬렉션 **05**

춘추의 사상과 전국의 패권

제자백가 사상

김상기 지음

살림

춘추전국 시대를 사는 법
―나를 키운 것의 8할은 전쟁

2,500년 전보다 인류는 얼마나 발전했을까. 인공지능을 활용한 컴퓨터가 인간을 능가하는 바둑 실력을 가지게 되었다는 소식이 화제가 된 때가 있었다. 이제 곧 인공지능을 이용한 자동운전시스템이 보편화하면 사람이 직접 운전하는 것이 오히려 신기하게 느껴질 것이다. 이렇게 변화의 속도를 가늠할 수 없이 빠르게 발전하고 있는 현대를 살아가고 있는 이들에게, 불과 100년 전의 모습도 구체적으로 상상하기 어려운데 2,500년 전에 살았던 사람의 삶을 상상하는 것은 더욱 어려울 것이다.

　세계 4대 문명의 발생 시기가 기원전 3000년경이니까 지금으로부터는 대략 5,000년 전이다. 문명의 발생 이후 2,000~3,000년이 경과된 후, 동아시아의 중국에서는 새로운 시대를 맞이하고 있었다. 기원전 11세기경 상나라를 멸망시키고 등장한 주나라는 넓어진 영토를 효율적으로 다스리기 위해 각지에 제후국을 설치했다. 제후로 임명된 사람은 주 왕실의 친인척이거나 공신이었다. 주나라의 제후국들은 영토를 나누어 받은 대신에 주 왕실을 지켜야 할 의무를 갖게 되었다. 즉 주 왕실을 주(主)로 하고 제후국들이 종(從)이 되는 관계인 주종관계가 형성된 것이다.

이러한 제도를 봉건제도라고 한다. 봉(封)은 천자가 제후를 임명한다는 의미이고 건(建)은 나라를 세운다는 의미이다. 제후는 대개 주나라 왕족이거나 건국의 공신이었고 이들은 자신의 나라를 책임지고 다스렸다. 즉 자신의 봉토에서 제후는 곧 왕이었다. 그래서 제후들도 자신의 신하를 임명하고 그 신하들에게 토지를 또 나누어주었다.

그런데 시간이 흐름에 따라 혈연관계는 멀어지고 주종관계는 약해지게 되었다. 주 왕실의 통제력은 약해진 반면 제후들 중에서 일부는 주 왕실을 위협할 만한 힘을 가지게 되었다. 더구나 기원전 771년 북방 민족이 침입하여 주나라의 왕이 피살되고 수도인 호경(鎬京: 지금의 시안 인근)이 함락되는 사건이 발생하였다. 이에 제후들은 새로 왕을 세우고 수도를 낙읍(洛邑: 지금의 뤄양 인근)으로 옮겼다. 호경에 비해 낙읍은 동쪽에 있었기 때문에 이전의 시대를 서주(西周)라 하고 수도를 동쪽의 낙읍으로 옮긴 후를 동주(東周)라고 하였다. 제후들이 세운 주나라의 왕은 제후들을 통제할 힘을 잃게 되었고 봉건제도는 무너졌다. 제후국들은 각자 생존의 길로 나가게 되었는데 이 시기를 춘추전국 시대라 한다.

춘추전국 시대는 춘추 시대와 전국 시대로 구분된다. 춘추(春秋)라는 명칭은 공자가 지은 역사책의 이름에서 유래했다. 전국 시대(戰國時代)는 말 그대로 전쟁의 시대인데 그 명칭 역시 전국책이라는 책의 제목에서 유래한다.

춘추전국 시대는 기원전 770년부터 기원전 221년까지 약 550년에 이르는 긴 시간이다. 이 기간 동안 중국은 청동기 시대로부터 철기 시대로 발전하였다. 기원전 2000년경부터 춘추 시대까지 주로 청동기가 사용되었지만, 전국 시대는 철기가 본격적으로 도입되고 사용된 시기였다.

춘추전국 시대 중국과 그 주변의 사람들은 청동기에서 철기 시대로 넘어가면서 일찍이 없었던 대규모의 변화를 겪어야 했다. 전쟁과 평화, 번영과 멸망이 반복되었다. 전국 시대의 전쟁은 춘추 시대에 비해 훨씬 많이, 훨씬 대규모로 전개되었다.

전쟁은 삶과 죽음을 넘나드는 고통스러운 경험이었고, 사람들은 그 속에서 살아남아야 했다. 생존을 위한 노력은 목숨을 걸어야 하는 것이었고, 이 치열한 생존 경쟁 속에서 삶과 죽음의 경계는 모호해졌다. 백성은 삶을 보장해주는 나라를 찾아 이동했고, 백성을 보호해줄 수 있는 나라는 인구가 늘고 부강해졌다. 각 나라의 통치자들은 그런 나라를 만들고 싶어했다.

평화의 시대에는 생존을 위해 노력하지 않아도 된다. 그러나 어지러운 시대에는 각자 살아남아야 했다. 살아남기 위해서는 지혜와 지식이 필요하다. 춘추전국 시대는 바로 그런 시대이다. 이 시기 인류의 지혜는 폭발적으로 성장했고, 그 지혜를 우리는 지금까지 자양분으로 삼아 삶을 꾸려오고 있다.

현대사회는 춘추전국 시대와는 다른 형태의 전쟁이 늘 벌어지고 있다. 삶의 형태는 복잡하고 해야 할 일은 많다. 그러나 삶의 본질은 변하지 않는다. 2,500년 전 사람들의 지혜를 우리가 익혀야 하는 이유이다. 또한 이것이 이 시대에 인문학을 배워야 하는 이유이다. 춘추전국 시대 대표적인 사상가의 생애와 활동, 사상을 살펴보면서 현대인으로서 살아가는 방법과 태도를 엿볼 수 있다면 공부하는 보람을 느낄 수 있을 것이다.

• 차례 •

제3장 공자에 버금가는 성인 – 맹자·순자

제4장 도가의 길을 묻다 – 장자와 노자

제5장　한비자와 법가의 사상가들

춘추전국 시대 수많은 제자백가가 등장하고 빛을 발했다. 이를 백화제방(百花
齊放)이라고 한다. 모든 꽃이 활짝 피었다는 의미이다. 춘추전국 시대는 전쟁
으로 점철된 역사인데 꽃이 활짝 피었다는 것이 어울리지 않는다. 그러나 실제
로 다양한 사상이 꽃피었고 그중에서 가장 오래, 가장 화려하게 핀 꽃이 바로
공자가 창시한 유가였다. 공자는 가장 느린 방법으로 가장 온건하게 춘추전국
시대를 극복하려 하였다. 많은 위인처럼 공자도 숱한 고난과 어려움을 겪었다.
고난이 없었다면 공자가 피운 꽃이 그렇게 화려하지 않았을지도 모른다. 이제
동양의 가장 위대한 사상가 공자를 만나러 가보자. 멀고 험한 길이 될 것이다.
각오를 단단히 하자. 끝까지 걷다보면 인류의 스승을 만날 수 있다.

제1장

공자
- 유학의 설계자,
동아시아의 기틀을 잡다

01

공자에게 가는 길

우리가 흔히 유교 경전의 기본으로 꼽는 것이 사서오경이다. 사
서(四書)는『논어』『맹자』『대학』『중용』의 네 권인데, 내용이 어렵
지 않고 널리 알려져 있어 보편적인 교재라고 볼 수 있다. 오경
(五經)은 말 그대로 다섯 개의 경전인데,『시경』『서경』『역경(주
역)』『예기』『춘추』이다. 오경은 내용이 많고 어려워 사서에 비해
서는 더 높은 수준이 요구되는 책이다.

사서오경 중 으뜸인『논어』, 그 주인공인 공자

사서오경은 조선시대 과거시험의 필수교재이기 때문에 조선

시대 학자라면 마땅히 외우고 있어야 하는 책이다. 그중에서도 『논어』는 가장 중요하고 가장 기본이 되는 책이었다. 『논어』는 우리나라뿐 아니라 동아시아에서 유교 사상의 핵심이 기록된 책으로 인정받고 있다. 『논어』를 읽지 않고 유교에 대해 이야기하는 것은 불가능하다. 그러므로 『논어』는 동아시아 역사상 항상 최고의 관심의 대상이었다.

유가는 한때 큰 위기를 겪어야만 했다. 그것은 바로 진 시황(재위: 기원전 246~기원전 210)의 분서갱유였다. 진 시황은 자신의 법가 통치에 반대하는 유가(儒家)를 없애버리기 위해 분서갱유를 단행했고, 이때 유가의 사상은 엄청난 피해를 입을 수밖에 없었다. 책은 불타고 학자들은 죽임을 당했다. 진 시황이 조금 더 오래 살았더라면 유가는 완전히 사라졌을지도 모른다. 진나라의 멸망 이후 등장한 한나라는 유교를 국가 통치 이념으로 삼았으나, 유가의 사상을 연구할 수 있는 학자도, 책도 남아 있는 것이 거의 없었다. 따라서 이를 발굴하고 되살리기 위해 훈고학이 발달할 정도였다.

논어는 공자와 그의 제자 사이에 오간 대화가 기록되어 있지만, 언제 어떤 상황에서 대화가 있었는지가 분명하지 않은 경우가 많다. 읽는 사람에 따라 자기 마음대로 해석할 수 있는 것이다. 이에 따라 수많은 학자들이 자기 나름의 해석을 붙여 논어 해설서를 발간하였다. 물론 지금도 논어 해설서는 끊임없이 출판되고 있다. 그중에서 가장 대표적인 것이 바로 송나라의 주희가 해석을 한 『논어집주』이다. 주자(朱子)로 불리기도 한 주희의 논어집주는 이후 중국과 우리나라에 막대한 영향을 주었고, 특히 성리학 국가인 조선에서는 주희의 해석이 절대적인 권위를 갖게 되었다. 조선 후기 대표적인 학자이자 정치가인 송시열은 주자의 관점에서 성리학을 집대성하기도 하였다.

이런 분위기는 조선 후기에 이르러 실학자들에 의해 비판되기도 하였다. 박세당이나 윤휴, 허목 같은 남인 계열의 학자들은 주자의 해석에 의문을 제기하였다. 주희의 해석에 대해 이의를 제기하면 '사문난적(우리 학문인 성리학을 어지럽히는 적)'이라고 불리면서 처벌을 받기도 하였다.

그래도 실학자들은 주자와 다른 해석을 종종 내놓았다. 대표적인 실학자인 다산 정약용은 『논어고금주』라는 책을 통해 주자의 해석과 다른 논어 해석을 수록하고 이에 대한 자신의 의견을 제시하였다. 일본에서는 성리학을 받아들이면서 주자의 해석에 대한 비판을 더 많이 제기하기도 하였다.

이와 같이 논어는 동아시아 역사상 가장 많은 해석과 의견이 제시된 책이다. 현재도 유학 경전 중에서는 독보적으로 많은 해설서가 출판되고 있다. 즉 동아시아 최고의 베스트셀러인 것이다. 그렇다면 『논어』는 어떻게 책으로 만들어졌을까. '논어(論語)'라는 제목의 의미는 어록, 즉 말의 기록이라는 뜻이다. 공자와 그의 제자 사이에 있었던 질문과 대답, 대화의 내용이 기록된 것이다. 공자의 말씀을 기록해 놓은 문장이거나 어떤 사람의 질문에 대한 대답이 대부분이다.

예를 들어 『논어』 제일 첫 구절은 다음과 같다.

공자께서 말씀하시었다. 배우고 때로 익히면 즐겁지 않은가.
子曰 學而時習之 不亦說乎

『논어』의 대부분의 문장은 '자왈(子曰)'로 시작한다. 그 뜻은 공자의 말씀이라는 뜻이다. 즉 『논어』는 공자의 말씀을 기록해놓은 글이다. 공자왈 맹자왈 한다는 말이 있다. 공자와 맹자의 말씀이라는 의미이다. 그 의미는 공자와 맹자의 말씀을 이야기하는 것이니 언제나 옳은 말이긴 하지만 지키기는 그만큼 힘들다는 의미로 사용된다. 이런 관용어가 쓰일 만큼 한국이나 중국·일본 사람이라면 『논어』를 읽어보지 않았더라도 『논어』에 대해서는 누구나 알고 있으며, 『논어』에 등장하는 이야기를 몇 가지 정도는 알고 있을 것이다. 이렇게 동아시아 최고의 베스트셀러인 『논어』의 주인공인 공자는 어떤 인물이었을까? 공자와 그의 학문 집단인 유가에 대해 알아보도록 하자.

콤플렉스는 나의 힘─약소국 출신의 낮은 신분을 극복하다

공자의 이름은 공구(孔丘)이다. 공자라는 호칭은 성씨인 공(孔)에 스승 또는 사상가를 뜻하는 자(子)를 붙인 존칭이니, 공 선생님이라는 뜻이 되겠다. 공자의 이름인 구(丘)는 언덕이라는 뜻인데, 공자의 머리가 언덕처럼 불룩 솟아서 그런 이름을 지었다는 이야기가 있는 한편, 공자가 태어난 곳인 니구산(니산)이라는 지명에서 유래했다는 이야기도 있다. 한편 공자의 자(편하게 부르는 이름)는 중니라고 했는데, 중니의 중(仲)은 둘째 아들이라는 의미이고 니(尼)는 니구산에서 따온 것이다.

공자가 태어난 곳인 니구산은 중국 산둥성 취푸현에 있다. 춘추 시대 산둥성에는 제나라와 노나라가 있었는데, 제나라는 지금의 린쯔를 수도로 한 강국으로 춘추 시대 강력한 제후국이었던 5인 패자 가운데 하나였다. 반면에 공자가 태어난 노나라는 약소국으로 명맥을 유지하다가 결국에는 남쪽의 초나라에 병합되고

· 공자
공자는 춘추전국 시대 사상가로 최고의 인기남이자 최고의 스승, 사상가로 손꼽힌다.

말았다.

공자는 약소국에 태어났을뿐 아니라, 신분 역시 낮았다. 사마천의 『사기』 「공자세가」에 기록된 공자에 대한 이야기를 통해서도 알 수 있다. 공자는 제후(왕)가 아니었기에 중요 인물을 기록한 「열전」에 수록되어야 했지만, 사마천은 공자의 업적을 대단히 높게 평가하여 국왕과 같은 등급으로 인정했다. 그래서 「열전」이 아닌 왕가의 기록인 「세가(世家)」에 기록하였다.

공자는 노나라 창평향 추읍에서 태어났다. 그의 조상은 송나라 사람으로 공방숙이라고 한다. 방숙이 백하를 낳았고 백하는 숙량흘을 낳았다. 흘은 안씨 딸과 야합(정식의 혼인절차를 거치지 않은 결혼)하여 공자를 낳았으니, 이구에서 기도를 하여 공자를 얻은 것이다. 공자는 태어나면서부터 머리 정수리 중간이 낮고 사방이 높아 이로 인하여 이름을 구(丘)라고 했다고 한다. 자는 중니이고 성은 공씨이다.

－『사기』, 「공자세가」

　　사마천의 기록에 따르면 공자의 아버지는 숙량흘로 불렸다. '숙량'은 자이고 '흘'이 이름이었다. 성씨가 공씨이니 공흘이 본명이었다. 공흘은 부인이 있었지만 딸만 아홉을 낳자 아들을 낳고 싶어 두 번째 부인과 결혼했다. 그래서 아들이 태어나기는 했지만 다리에 장애가 있어 무인인 자신의 뒤를 이을 인물로는 부족하다고 여겼다. 그래서 마을의 안징재라는 소녀(열일곱 살이었지만 당시에는 결혼 적령기였다)와 '야합'하여 아들을 낳은 것이다. 정식 결혼을 하지 않은 이유는 나이 차이가 너무 많아서였다고 추측할 수 있다. 그래서 사마천은 이를 '야합'이라고 표현하였다.

　　아버지인 숙량흘이 추읍의 관리이기는 했지만 공자는 정식 부인의 아들이 아니었기 때문에 신분이 높다고 할 수는 없었다. 더구나 공자가 세 살 때 아버지는 병으로 사망하고 말았기에, 어머니인 안징재의 교육을 받을 수밖에 없었다.

공자의 신분이 낮았음을 보여주는 사례는 또 있다. 공자가 열일곱 살(공자의 어머니가 공자 결혼 후인 스물네 살 때 사망했다는 주장도 있다)에 어머니의 장례를 치르고 난 후, 노나라의 고위 관리였던 대부 계씨가 하급 관리들을 위한 연회를 베풀었다. 공자도 이에 참석하려 하였으나 계씨의 가신인 양호가 이를 제지하며 "계씨가 하급 관리들에게 연회를 베푼 것이지 감히 그대가 올 곳이 아니오"라고 하여 연회에도 참석하지 못했다고 한다.

아버지 없는 아들, 첩의 아들, 가난한 집안, 장애를 가진 이복형, 춘추 5패의 하나인 제나라 옆에 자리 잡은 작은 나라인 노나라 출신. 소년 공구는 이렇게 여러 가지 악조건 속에서 성장해 나갔다. 약점은 스스로 약점으로 인정하고 그 속에 머무르면 평생의 악조건이 되지만, 이를 극복하기 위한 노력을 기울이는 자에게는 훌륭한 성장의 자양분이 된다는 것을 공자는 보여주고 있다.

학문에 뜻을 세우고 학파를 형성하다

공자가 학문에 뜻을 둔 것은 열다섯 살 때였다. 학문에 뜻을 두었다는 것은 학문을 평생의 직업으로 정했다는 의미이다. 공자는 스스로 다음과 같이 말하고 있다.

> "나는 나이 열다섯에 배움에 뜻을 두었고, 서른에 자립하였으며, 마흔에는 유혹에 흔들리지 않았고, 쉰에는 하늘의 명을 알게 되었으며, 예순에는 남의 말을 들으면 그 이치를 깨달아 거스름이 없게 되었고, 일흔이 되어서는 마음 가는 대로 하여도 법도에 어긋나지 않았다."
>
> —『논어』, 「위정」

공자의 말은 자신이 평생 동안 이룬 성취를 스스로 요약한 것이다. 공자는 스스로를 뛰어난 학자로 평가하기를 꺼렸으므로(다만 공부하기를 좋아하는 사람으로 자부했다) 스스로를 이렇게 표현한 것은 겸손한 가운데 자신을 냉철히 평가한 것이라고 볼 수 있다. 이런 덕분에 공자는 이미 10대에 학자로서의 명성을 떨치고 있었다. 노나라의 대부인 맹희자가 병들어 죽게 되었을 때 그는 아들인 맹의자를 불러 다음과 같은 유언을 남겼다는 이야기가 전해진다.

공구는 성인의 후예이며, 나이는 어려도 예를 좋아하니 그는 반드시 통달한 사람일 것이다. 내가 죽게 되면 반드시 그를 스승으로 모셔라.

-『사기』, 「공자세가」

　이때 공자의 나이가 열일곱 살이었다고 한다. 지금 열일곱 살이라면 고등학교 2학년 정도다. 아무리 뛰어난 성인이라지만 이 나이에 제자를 둘 정도로 명성이 높았다는 것이 말이 안 된다는 의견도 있다. 공자의 학문적 명성에는 아마 과장도 있겠지만, 그 정도로 존중을 받았다는 것은 짐작할 수 있다. 실제로 열일곱 살이라는 나이는 전통 사회에서는 결혼을 하여 독립된 가정을 꾸릴 수 있는 나이였다. 우리나라에서도 예로부터 열여섯 살이 되면 어른 대접을 받았고, 결혼을 할 수 있었으며, 세금과 군역의 대상이었다.

　열아홉 살에 결혼을 하고 스무 살에 아들을 낳아 가장이 된 공자는 노나라에서 대부에게 고용되어 말을 기르는 관리나 세금을 계산하는 낮은 관직에 나아가게 되었다. 낮은 직책이었지만 최선을 다해 열심히 일하고, 뛰어난 능력을 발휘하여 학자로서도, 관리로서도 명성을 높여가고 있었다.

그럼에도 공자는 공부를 멈추지 않았다. 먼 곳이라도 훌륭한 학자가 있으면 찾아다니며 배움을 완성시켜나갔다. 20대에 이미 제자를 둔 학자였지만 배움에 대한 노력을 멈추지 않고, 주나라에 있는 노자를 찾아가 배움을 청하기도 하였다. 노자의 도가와 공자의 유가는 중국 역사 내내 대단히 사이가 좋지 않았는데, 그 창시자인 노자와 공자는 서로 만나 예를 갖추면서 배움을 주고받았다는 사실이 이채롭다.

공자가 스무 살이 되기 전부터 여러 사람이 스스로 제자를 자처하였지만, 공자가 본격적으로 제자를 받아들여 학자 양성에 힘쓴 것은 서른 살 전후이다. 공자는 스스로 서른 살에 자립하였다고 하였다. 여기서 자립이란 하나의 학파를 대표하는 학자로서 그 뜻을 세우고 제자를 양성하여 자신의 학파를 형성하게 되었다는 것이다.

30대에 관직에도 진출하고 학파의 수장이 되었으니 공자의 삶이 순탄했을 것으로 보이겠지만, 이 시기는 춘추 시대로 정치와 사회의 변화가 매우 컸다. 공자의 삶도 이러한 변화에 따라 흔들릴 수밖에 없었다.

02

공자 인생 후반기

공자가 서른다섯 살로 본격적인 활동을 시작하던 무렵, 노나라 정치상황이 크게 변화하였다. 노나라의 제후는 소공이었는데 소공의 신하인 대부 계씨·맹씨·숙씨 집안이 반란을 일으켜 제후를 내쫓고 정치를 좌우하게 된 사건이 일어났다.

'잉어'로 맺은 인연에도 요원한 등용문

소공은 공자의 아들 백어가 태어났을 때 잉어를 선물했던 왕이다. 공자는 소공을 섬기고자 했으나, 정치 상황은 계씨(계환자)가 주도하고 있었다. 소공은 쫓겨나 옆나라인 세나라에 망명하였다. 이에 공자도 제나라로 가서 망명 생활을 하게 되었다.

제나라에서도 뛰어난 능력을 가진 공자에게 관심이 집중되었다. 제나라 제후(경공)는 공자를 뛰어난 학자로 대우하여 그에게 정치를 물었다.

공자는 "임금은 임금 노릇 하며, 신하는 신하 노릇 하며, 아버지는 아버지 노릇 하며, 자식은 자식 노릇 하는 것입니다"라고 대답하였다. 이에 제경공이 말하였다. "훌륭한 말씀입니다. 진실로 만일 임금이 임금 노릇을 못 하며, 신하가 신하 노릇을 못 하며, 아버지가 아버지 노릇을 못 하며, 자식이 자식 노릇을 못 한다면, 비록 곡식이 있은들 우리가 그것을 먹을 수 있겠습니까?"

－『논어』,「안연」

제나라 제후는 공자를 높은 관직에 등용하고자 했다. 그러나 제나라의 관리들이 반대하여 실현되지 못했다. 당시 제나라는 강대국으로 인재가 넘쳐나고 있었다. 특히 제나라 재상인 안영은 현명한 재상으로 이름난 인물이었다. 이들은 부국강병의 정책을 추구하고 있었는데 공자는 도덕과 예의범절을 따지는 정치, 백성을 위한 정치를 주장했다. 백성을 잘 다스리면 자연히 백성이 모여들어 강대국이 될 수 있다는 주장이었다. 그런데 이러한 공자의 주장은 단기간에 성과를 내고자 한 부국강병과는 잘 맞지 않았다. 그래서 공자는 노나라로 돌아올 수밖에 없었다.

노나라에서 자신의 능력을 보여주지만

공자는 노나라로 돌아온 후 제자 양성에 힘을 쏟았다. 이 당시 노나라의 제후인 소공이 죽자 계씨(계환자)는 소공의 동생인 정공을 제후로 삼았다. 제후를 임명할 정도로 여전히 노나라의 실권은 계씨 집안에 있었다. 노나라의 정치는 계씨 집안의 횡포로 매우 어지러웠다. 계씨의 신하였던 양호와 공산불뉴 등이 반란을 일으키면서 공자를 이용하려 하기도 하였다. 어지러운 상황이 계속되었지만, 공자는 제자를 양성하면서 학문에 전념하였고 그 명성이 점점 높아졌다.

새로 즉위한 제후인 정공은 실권을 회복하려 노력했다. 이런 노력의 하나로 공자를 등용하여 중도라는 도시를 다스리게 했다. 중도는 얼마 안 되는 제후의 땅이었다. 1년 만에 주변의 제후들이 공자를 따라할 정도로 성공적인 통치를 보여주자, 이번에는 공자를 법무부 장관에 해당하는 대사구에 임명했다. 본격적으로 국정에 참여한 공자는 노나라 정공이 제나라 경공과 회동

제1장 공자 - 유학의 설계자, 동아시아의 기틀을 잡다

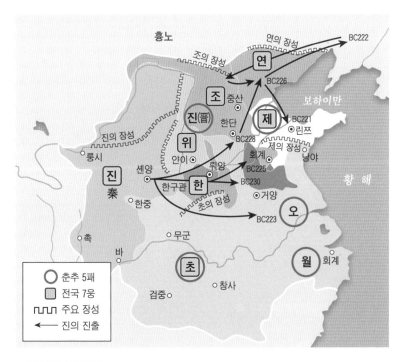

흉노

연의 장성

조의 장성

연 BC222

BC226

조 중산

진(晉) 한단

제 BC221

보하이만

진의 장성

위 안이

리쯔

제의 장성

롱시

진 秦

셴양

뤼양 BC228

한구관 한 BC230

회계 BC225 낭야

황 해

한중

초의 장성 거양

BC223 오

무군

바

월 회계

촉

초

춘추 5패

창사

전국 7웅

검중

주요 장성

진의 진출

• **춘추전국 시대 지도**

춘추전국 시대의 모습을 담은 지도이다. 춘추 5패와 전국 7웅의 쟁패와 진나라의 팽창을 보여준다.

하는 자리에서 예의와 명분을 분명히 하여 제나라에 빼앗겼던 노나라 땅을 돌려받는 능력을 보여주었다.

노나라의 정치가 안정되고 백성이 몰려들자 제나라에서는 80명의 미인과 30필의 말을 노나라에 보냈다. 노나라 정공과 대부인 계환자는 이를 받고 정치에 소홀하게 되었다. 공자의 목표는 노나라 정치를 정상으로 돌려놓고 노나라를 강대국으로 만드는 것이었지만 노나라의 지배층에게는 그런 생각이 없었다. 공자는 다시 유랑의 길을 떠날 수밖에 없었다. 그의 나이 이미 50대 중반을 넘어서고 있었다.

03

천하를 떠돌다. 때로는 상갓집 개가 되어···

쉰다섯 살이 되어 노나라를 떠난 공자와 그 제자들은 위나라와 진·조·송·정·채·초 등 여러 나라를 떠돌았다. 이미 공자의 명성이 높았기 때문에 대개의 나라에서는 큰 환대를 받았지만, 손님으로서 대접하려고만 할 뿐, 공자의 정책을 받아들여 정치를 맡긴 나라는 없었다.

떠돌이 유세객의 신세는 때로 위험하기도 했고, 때로 굶주리게도 했다. 위나라에 머물다가 진나라로 떠나던 길에 광 이란 지역을 지나던 때였다. 이 지역 사람들이 공자 일행을 포위하고 위협을 가했다. 처음에는 그 이유를 몰랐는데 나중에 알고 보니 과

거에 공자와 외모가 비슷한 양호라는 사람이 이 지역 사람들을 괴롭히고 재물을 빼앗은 일이 있었기 때문이었다. 무기를 든 마을 사람들에게 둘러싸여 매우 위태로운 상황이었다. 모든 제자가 당황하고 있을 때 공자가 말했다.

"주나라의 예악과 제도를 아는 이는 나뿐인데 하늘이 장차 이 예악과 제도를 없애려는 게 아니라면 광 지방 사람들이 나를 어떻게 할 수 없을 것이다"

-『논어』,「자한」

공자는 이렇게 말하면서 침착하게 마을 사람들과 오해를 풀고 위기를 벗어나기도 하였다.

제자 양성에 힘쓰던 공자, 제자를 앞세우다

또 한번은 먹을 것을 구하러 간 제자들과 엇갈려 길을 잃고 어느 집 처마 밑에서 비를 피하게 되었다. 이 모습을 본 어떤 사람은 공자를 '상갓집 개'라고 표현했다. 이처럼 길을 잃거나 먹을 것을 구하지 못하여 굶주리고 한뎃잠을 자기도 했다. 그야말로 풍찬노숙이었다. 교통과 통신이 완전히 정비되지 않은 상황에서 다른 나라로 이동하는 과정이 쉽지 않았다. 이 과정에서 길을 잃거나 며칠씩 굶주리는 일이 있었던 것이다.

그러나 공자 일행의 생활이 어렵기만 한 것은 아니었다. 대체로 각국에서 융숭한 대접을 받았으며, 관직을 제의받기도 하였다. 공자 스스로가 관직에 오르지는 않았지만, 많은 제자가 각국의 관직을 맡아 취업에 성공하기도 하였다. 공자 자신의 명성과 각국에 퍼져 있던 제자들 덕분에 그의 14년간의 유랑 생활이 그리 힘들지만은 않았을 것이다.

하지만 각 나라의 정치를 바로잡고자 했던 공자의 노력과 시도는 어느 나라에서도 채택되지 못했기 때문에 결국 공자는 노나라로 돌아오게 되었다. 그의 나이 예순아홉 살, 노나라를 떠난 지 14년 만이었다. 노나라로 돌아온 공자는 이제 직접 정치를 하려던 열망을 접고 책을 쓰고 정리하며 제자 양성에만 힘을 기울였다.

공자의 말년은 그리 순탄하지는 않았다. 예순아홉 살 때에 아들인 공리가 쉰 살로 죽었다. 또한 다음 해인 일흔 살 때는 가장 아끼는 제자인 안회가 죽음을 맞이했다. 안회가 죽었을 때 공자는 '하늘이 나를 버리는구나'라고 하면서 크게 슬퍼하며 울었다고 한다. 그리고 일흔두 살 때는 공자가 아끼던 제자인 자로가 죽었다. 연이은 슬픔에 괴로워하던 공자는 일흔세 살을 일기로 죽음을 맞이하게 된다.

　『사기』「공자세가」에 따르면, 공자는 노나라 수도 북쪽 쓰수이 강 제방에 묻혔다고 하였는데, 공자의 무덤은 지금의 산둥성 취푸시의 공림 안에 있다.

04

공자의 제자들, 유가(儒家)를 이루다

공자는 학자로서, 정치가로서, 사상가로서 뛰어난 모습을 보여주었다. 스스로 자신을 평가하기를 일흔 살에 '종심소욕불유구', 즉 마음 가는 대로 하여도 법도에 어긋나지 않았다고 할 정도였다. 이는 양심과 법률이 일치했다는 것이니, 보통 사람으로서는 엄두도 내기 어려운 경지라고 할 수 있다.

그런데 이러한 공자의 면모와 언행은 제자들이 없었으면 제대로 전해지지 않았을 뿐 아니라, 그 학문이 유가로서 집대성되지도 않았을 것이다. 또한 진 시황의 분서갱유 이후에도 살아남아 한(漢)나라 무제(재위: 기원전 141~기원전 87) 때 국가 통치 이념으로 채택되지도 못했을 것이다. 공자가 성인으로 인정받게 된 것은 훌륭한 제자를 둔 덕분이기도 하다. 공자의 학문을 이어나가고 널리 전파한 제자들과 이들의 집단인 유가에 대해 알아보자.

공자와 3,000제자?

공자는 평생 동안 제자가 3,000명에 이르렀다고 한다. 과장된 표현이겠지만, 그만큼 공자의 제자가 많았다는 의미일 것이다. 그런데 그 많은 제자가 모두 다 중요한 역할을 담당하지는 않았을 것이다. 제자 중에서도 『논어』에 등장하는 제자들이 실질적인 수제자로서 중요한 역할을 담당했을 것이다. 사마천의 『사기』에 나오는 기록이다.

> 공자는 시·서·예·악을 가르쳤는데 제자가 대략 3,000명이고 이 가운데에서 육예(여섯 가지의 기능)에 통달한 자가 일흔두 명이었다.
> ─『사기』

육예는 예의·음악·활쏘기·말타기·서예·수학으로 주나라 이후 춘추전국 시대 중국에서 학문의 기본이었다. 육예에 통달했다는 것은 학문적으로 일정한 성취를 거두어 세상에 나아갈 만한 실력을 갖추었다는 의미이다. 그 정도의 실력을 갖춘 제자가 72명이었다는 것이다. 또한 사마천은 『사기』「열전」에서 공자의 제자들을 별도로 다루고 「중니제자열전」에서 이를 소개하고 있다.

모두가 남다른 능력의 인재들이었다. 덕행으로는 안회·민자건·염백우·중궁이 있었고, 정치로는 염유·계로가, 언변으로는 재아·

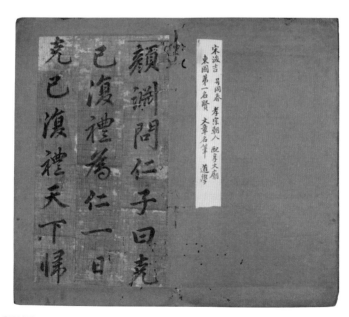

- **『논어』「안연편」**
  17세기 조선 유학자 송준길이 쓴 논어의 일부이다. 쓰여진 내용은 공자와 안연의 예에 대한 문답이다. 안연이 예에 대해 묻자 공자는 '극기복례'라고 답했다. 자기 욕심을 극복하고 예를 지키라는 의미이다.

자공이, 문학으로는 자유·자하가 있었다.

-『사기』

이 제자들 중에는 공자의 곁을 지킨 사람이 있는가 하면, 공자의 추천이나 다른 사람들의 추천으로 관리가 된 인물도 있었다.

안회는 공자가 가장 아낀 제자로 가난하지만 관직에 진출하지 않고 끝까지 남아 공부를 계속했다. 공자가 안회를 가장 많이 칭찬했으며, 다른 사람이 그를 대신할 수 없다고 보았다.

노나라 제후인 애공이 "제자들 중 누가 배우길 좋아합니까?"라고 묻자, 공자는 "안회라는 제자가 배우길 좋아하고, 노여움을 남에게 옮기지 않고 잘못을 되풀이하지 않았습니다. 불행하게도 명이 짧아 일찍 죽었습니다. 지금은 없습니다"라고 대답했다.

-『논어』, 「선진」

논어에 이렇게 기록해 놓았을 정도였다. 안회뿐 아니라 72명의 제자는 공자의 각별한 애정과 기대를 받았으며, 대부분 능력을 인정받아 각국에 등용되었다. 공자의 제자들이 실력을 갖출 수 있었던 이유는 무엇일까?

사람이 열이면 가르치는 법도 열 가지다, 공자의 교육법

공자는 제자들에게 각자의 재능과 성격에 맞는 교육을 한 것으로 유명하다. 같은 질문을 받아도 질문하는 사람에 따라 답변이 달랐다.

염구가 "의로운 일을 들었으면 바로 행동으로 옮겨야 합니까?"라고 묻자 공자 "행동으로 옮겨야 한다"고 했다. 자로가 "의로운 일을 들었으면 바로 실천해야 합니까?"라고 묻자 공자는 "부형이 건재하신데, 들었다고 어찌 바로 행동으로 옮길 수 있겠는가?"라고 했다.

자화가 괴이하게 여기며 "질문은 같은데 답이 달라서 감히 여쭙습니다"라고 하자 공자는 "염구는 머뭇거리기 때문에 격려한 것이고, 자로는 성급하게 남을 이기려 하기 때문에 억제한 것이다"라고 했다.

-『논어』, 「공야장」

자로는 본명이 중유이다. 노나라 사람으로 공자보다 아홉 살 아래였다. 자로는 성격이 거칠고 용맹하게 힘쓰는 것을 좋아하며 의지가 강했다고 한다. 그는 들으면 바로 행동으로 옮기는 사람이다. 그러므로 공자는 '네가 나서지 않아도 다른 사람이 해결할 수 있으니 바로 나서지 말아라'는 뜻으로 이야기한 것이다. 반면 염구는 결단력이 약하고 우유부단한 성격이기 때문에 그에게는 들으면 바로 행동으로 옮기라고 한 것이다.

이러한 맞춤형 교육은 당연히 제자 하나하나를 다 파악하고 있어야 가능한 일이었다. 잘하는 것을 북돋우고 부족한 부분을 보충해준 공자의 맞춤형 가르침에 훌륭한 제자들의 노력이 더해져 실력이 갖추어진 것이다.

공자를 후세에 전한 제자들

예수에게 베드로와 바울이 있었듯이 공자에게는 증자와 자사가 있었다. 공자의 언행을 엮어서 『논어』를 편찬하고 제자를 양성해서 공자의 유학이 후학들에게 전해질 수 있도록 한 것이다. 공자의 제자 중에서 비교적 학문이 느렸던 증자는 본명이 증삼인데 공자를 깊이 존경하였고, 그 말씀대로 실천하려고 노력한 인물이다. 증삼의 아버지도 공자의 제자로, 부자가 모두 공자의 제자였다. 증삼은 공자와 46년 이상 차이가 나는 가장 어린 제자에 속한다고 할 수 있다.

애초 공자의 수제자로 스승을 이어받을 것으로 기대된 것은 안회였다. 그러나 안회는 일찍 죽었다. 더구나 공자의 제자 중에 맏형 역할을 한 자로는 관직에 있던 위나라의 국내문제에 휘말려 죽었다. 둘 다 공자보다 일찍 죽었으니, 공자의 학문을 후세에 전할 수 없었다.

공자가 죽은 후 여러 나라 국적의 제자들은 각자 자기 나라로 돌아가고 뿔뿔이 흩어지게 되었다. 그래서 증삼만이 공자의 학문을 이어 전할 수 있게 되었다.

공자의 사후에 증삼은 다른 제자들의 스승이 되었고, 이 때문에 증 선생님이라는 의미로 증자로 불리게 되었다. 증자의 학문은 공자의 손자인 자사로 이어졌고, 자사는 맹자를 제자로 삼아 유학의 학문이 후대로 이어질 수 있게 되었다.

한편 역시 가장 뛰어난 제자에 속했던 자하와 자유의 학문은 후에 순자로 이어지게 되어 법가의 탄생을 준비하게 되었다.

05

유학의 핵심으로 들어가보자

공자가 평생 동안 공부한 것의 핵심은 무엇일까. 공자는 평생 인을 강조했다. 인이란 인자하다, 또는 관대하다, 마음이 착하다는 의미이다. 인이란 사랑하는 것이다. 불교의 자비, 크리스트교의 사랑과 큰 의미에서는 같은 것이라고 볼 수 있다. 공자의 언행을 기록한 『논어』에서 인을 언급한 것이 50회가 넘을 정도이다.

사람이 인하지 않다면 예는 해서 무엇하며, 음악은 해서 무엇하랴.

-『논어』, 「팔일」

인(仁)과 예(禮)란 대체 뭐라는 거지?

인이 예와 악의 기본임을 밝혔다. 그런데 인은 구체적으로 무엇인지 알기 어렵다. 공자의 제자들도 이러했을 것이다. 그래서 공자는 인을 행하는 방법을 각 상황마다, 사람마다 적절하게 알려주었다. 공자 제자인 유약은 다음과 같이 말했다.

공손하면서, 윗사람에게 덤비기를 잘하는 자는 드물다. 윗사람에게 덤비기를 잘하지 않는데 난동을 잘 부리는 사람은 아직까지 없었다. 군자는 근본에 힘쓰나니, 근본이 서면 도는 저절로 생겨나느니라. 부모에 효도하고 형에게 공손한 것은 아마도 인을 행하는 근본일 것이다.

－『논어』,「학이」

아마 스승인 공자에게 배웠을 것이다. 윗사람에게 덤비지 않는 사람, 부모에게 효성스럽고 형에게 공손한 사람이 바로 인을 실천하는 사람이라는 말이다.

공자의 가르침대로 착한 마음씨를 갖게 되면 이것을 어떻게 표현해야 할까. 이것이 바로 예(禮)에 대한 가르침이다. 공경하고 사랑하는 마음을 표현하는 방식이 예절인 것이다. 그러므로 공자는 예절에 대해 매우 많은 가르침과 실천을 남겼다. 착한 마음씨에 대한 가르침은 맹자로 이어졌다. 맹자는 성선설을 주장하였다. 착한 마음을 더욱더 갈고닦아 계속 보존하려면 가르침을 받아야 한다는 것이다. 맹자는 공자의 인과 예를 받아들여 성선설을 주장했지만, 한편 다른 제자인 순자는 성악설을 주장하였다. 인간의 본성이 착하지는 않으므로 교육을 통해 가르치고 닦아야 한다는 주장이었다. 공자의 제자들이 형성한 학파가 왜 성선설과 성악설로 나뉘었을까. 정반대의 의견이 대립한 이유는 공자의 인을 해석하는 방식에 있었다. 맹자와 순자에 대해서는 조금 있다가 살펴보기로 하자.

공자의 인에 대한 가르침은 『논어』를 통해 집대성되었고, 예에 대한 가르침은 이후에 유학자들에 의해 5경 중 하나인 『예기』를 통해 정리되었다.

'임금은 임금답고 신하는 신하답고 아버지는 아버지답고 자식은 자식다워야 한다(君君臣臣父父子子)'는 말의 숨은 의미는?

공자 사상의 핵심은 인이고 인은 곧 사랑이지만, 공자는 사랑에 차등이 있다고 보았다. 내가 부모님을 사랑하는 것과 모르는 사람을 사랑하는 것은 분명히 큰 차이가 있다. 유가에서는 이러한 차별적인 사랑을 인정하고 있다.

그래서 차별 없는 사랑을 주장하는 묵가와 치열한 논쟁을 벌이기도 하였다. 이러한 차별적인 사랑은 곧 신분에 따른 직분의 차이를 인정하는 것이었다. 신분에 따라 해야 할 일이 다르다는 것이다.

> 제나라 경공이 공자에게 정치에 대해 묻자, 공자께서 대답하셨다. "임금은 임금답고 신하는 신하답고 아버지는 아버지답고 자식은 자식다워야 한다는 것입니다."
>
> -『논어』, 「안연」

제나라 경공이 정치를 잘하는 법을 묻자, 모든 사람이 각자의 자리에서 자기 역할을 하는 것이 좋은 정치라고 답한 것이다. 이 말은 유가에서 생각하는 이상적인 정치를 보여주는 사례이다. 그런데 이 말에 따르면 신하는 신하다워야 하기 때문에 임금에게 충성스러운 존재여야 한다. 마찬가지로 자식은 아버지에게 순종해야 하는 존재인 것이다.

이러한 논리를 확대하면 임금은 임금의 자리에서, 신하는 신하의 자리에서, 백성은 백성의 자리에서, 노비는 노비의 자리에서 자기 직분을 충실히 지켜야 한다는 의미이다. 이런 생각은 곧 신분제 사회에서 각자의 역할과 직분을 정해주고 이를 지키도록 함으로써 질서를 유지하려 하는 초창기 유가 사상의 핵심적인 역할이 되었다.

한(漢) 이후로 동아시아 지배층이 유학에 열광한 이유는?

유학은 춘추전국을 통일한 진 시황의 분서갱유를 견디고 겨우 살아남았다. 춘추전국 시대 각국을 떠돌며 유세하던 '상갓집 개' 인 공자의 처지보다 더 처량해지고 위태한 상태가 되었다. 유학을 공부하려 해도 스승이 될 학자가 없었고, 교과서로 삼을 책이 없었다.

유학이 국정 운영의 중심에 서다

진 시황이 죽고 유방과 항우의 길고 긴 쟁패 끝에 한나라가 성립되었다. 기원전 202년이었다. 오랜 혼란을 이기고 성립한 한나라에는 안정이 필요했다. 나라를 안정시키는 데에는 사상이 필요했지만 법가를 채택한 진나라가 통일 후 법가로 인해 멸망한 것도 잘 알고 있었다. 분서갱유 이후 유학이 어느 정도 부활하자 제7대 황제인 한 무제는 동중서의 건의를 채택하여 유가 사상을 통해 중앙집권을 강화하고자 했다.

동중서는 유학이 가진 특징인 신분에 따른 사회 질서를 강조하여 불평등한 신분 사회를 정당화했다는 비판을 받기도 한다. 그러나 이 당시 신분제 사회에서 유학이 춘추전국 시대와 진나라로 부터 이어진 혼란을 정리하고 질서 있고 평화로운 국가체제를 만드는 데 큰 공헌을 했다는 평가도 있다.

동중서가 건의하고, 한 무제가 채택하여 유학이 곧 국정교학, 즉 국가가 정한 교과학문으로서 자리 잡은 것은 기원전 2세기이다. 이후 중국 역대 왕조에서 유학을 채택하여 국가를 운영하는 기본 학문으로 삼아 청나라 말까지 이어온 이유는 무엇일까.

유학, 동아시아 사회의 규범이 되다

한나라 건국 초기에는 중앙집권 제도가 제대로 실시되지 않았다. 하지만 나라의 운영이 안정되자 무제는 왕과 제후들의 실권을 빼앗고 황제 중심의 군현제를 실시했다.

· **한 무제**
전한(前漢)의 제7대 황제로 전한 전성기를 이룩했다. 동중서의 건의로 유학을 국가 통치 이념으로 채택했다.

이때 유학은 사상적 기반이 되었고, 이후 중국 역대 국가에서 국가 통치 이념으로서 자리 잡았다. 한국·일본·베트남은 한자뿐 아니라 유학을 함께 받아들여 국가 운영의 기본으로 삼았다.

한반도에서도 유학이 국가 운영에 활용되었다. 삼국이 다투던 시대가 끝나고 신라가 세 나라를 통일하면서 보다 적극적으로 유학이 수용된 것이다. 신문왕(재위: 681~692) 대에는 국학을 설치하고 원성왕(재위: 785~798) 대에는 독서삼품과를 실시했다. 이런 조치는 모두 교육과 인재 등용 과정에서 유학의 중요성을 높이는 것이었다. 결국, 이런 체제의 정비는 모두 중앙집권적 왕권을 강화하고 사회 질서를 유지하기 위한 것이었다.

국가를 운영하는 지배층과 피지배층의 갈등이 커지면 국가가 유지되기 어렵다. 유가에서 강조하는 '군군신신부부자자', 즉 각자의 자리에서 자신의 직분을 다한다면 나라는 저절로 안정될 것이고, 지배층은 계속해서 특권을 누릴 수 있는 것이다. 이것을 유학이 정당화해준 것이다.

묵자의 비판을 통해 본 유학의 성격

한편 이러한 신분적 질서는 비판의 대상이 되기도 하였다. 유가를 비판한 묵자의 이야기를 들어보자.

유학자들은 말한다. "친척을 사랑하는 데도 차등이 있고, 현인을 존경하는 데도 등급이 있다." 이는 친소(친함과 친하지 않음)와 존비(신분이 높음과 낮음)의 차이를 말한 것이다. (유학의) 예절은 다음과 같다. "상을 치를 때 부모는 3년, 아내와 아들도 3년, 큰아버지 작은아버지, 형제는 1년, 먼 친척은 5개월이다." 친소를 토대로 상을 치른다면 가까운 사람은 길고, 먼 사람은 짧다. 그래서 아내와 아들과 부모가 같은 기간이다. 그런데 존비를 토대로 정하면 아내와 아들은 부모와 등급이 같고, 큰아버지와 동생이 같은 등급이 된다. 거꾸로 된 것이 심하다.

-『묵자』, 「비유」

이것은 묵자가 유가의 예절을 비판한 것이다. 유가에서는 관계가 멀고 가까운 것, 위계가 높고 낮은 것에 따라 상을 치르는 기간을 달리해서 그 슬픔의 정도가 다름을 표현한다. 그런데 묵자는 여기서 생기는 모순에 대해서 비판했다. 친소의 관계는 만족시킬 수 있지만 존비의 관계는 엉망이 된다는 것이다.

묵자의 비판에 대해서는 다음 편에서 살펴보겠지만, 이 비판을 통해서 유가의 특징을 알 수 있다. 유가에서는 황제→제후→귀족·관리·선비→백성→노예로 이루어진 신분제 사회가 잘 유지되어야 평화로운 사회가 된다고 보았다. 그러므로 임금과 신하, 아버지와 아들이 각각 자신의 자리를 잘 지키고 유지하는 것을 이상적인 것으로 보았다.

황제와 귀족처럼 신분이 높은 사람이 유가의 이론에 전폭적인 지지를 보낸 것은 당연한 일이었다. 지배층은 유가의 이론을 자신들뿐 아니라 피지배층에게도 전파하려 했다. 이를 통해 지배와 복종의 관계가 피지배층에게 내면화되면 통치를 위해 군대와 경찰을 동원하지 않아도 되는 것이다.

　유가는 지배층의 구미에 딱 맞는 학문이었다. 그런데 그 방법이 주로 착한 마음과 예의를 지키는 것이었으므로 부국강병을 추구하는 춘추전국 시대에는 직접 채택되지는 못했지만, 통일 국가를 통치하는 이념으로는 크게 각광받았다.

07

유학의 갈래들

공자와 유학 사상은 교과서에도 자주 소개된다. 중·고등학교 역사 과목 교과서에서는 주로 춘추전국 시대의 대표적인 사상가로 공자와 맹자를 꼽으며 '인'과 '예'를 강조하는 유가의 사상을 소개하고 있다. 또한, 한나라 무제 때는 예와 충효를 강조하며 신분 질서를 유지하는 통치 이념으로 자리 잡고, 교육과 인재 등용에 활용되며 국정 이념으로 활용된 내용을 상세하게 다룬다.

하지만 유학 사상은 한나라 이후에도 이어져 다양한 모습으로 동아시아의 과거와 현재를 이루고 있다. 이제부터는 중국 한나라 이후의 유학과 다른 동아시아 국가로 퍼져나간 유학에 대해 살펴보자.

유학의 대 변신 - 송나라 성리학의 성립과 조선

유학은 한나라와 당나라에서 국가를 통치하는 기본 이념으로 활약하였다. 그런데 당나라가 멸망하면서 5대 10국 시대가 되어 분열과 혼란이 다시 나타났다. 당나라의 전성기였던 현종(재위: 712~756) 때 일어난 안녹산 사사명의 난으로 큰 혼란을 겪고 급속히 약화되어 907년 멸망할 때까지 혼란기가 지속되었다. 이 시기부터 송나라 건국(960)까지 불교가 번영하였다.

유학 이념을 기반으로 한 정치가 혼란에 빠지고, 사람들이 일상생활에서 불교와 도가 사상에 빠져 위로를 받게 되자 유가 사상은 위기를 맞이하게 되었다. 그래서 송나라의 건국 이후 나라가 어느 정도 안정되자 유학을 좀 더 발전시켜 새롭게 부흥시키려는 사람들의 노력이 나타나기 시작했다. 송나라 때 나타난 이러한 새로운 유학을 신유학이라고 하며, 이를 집대성한 것이 성리학이다.

신유학은 당나라 때부터 혼란기의 사람들이 심취한 불교의 선사상과 도교의 자연 사상을 극복하기 위해 유학의 입장에서 불교와 도교의 철학 사상을 재해석하고 이를 유학 사상에 반영하려 한 것이다. 주돈이·장재는 우주에 관심을 돌려 인간의 근원에 대해 탐구했고, 이들의 제자인 정호·정이 형제는 우주와 인간을 연결하여 인간의 마음속에서 우주를 발견하고자 하였다.

이렇게 발달한 신유학을 집대성한 것이 주희이다. 송나라의 사대부인 그는 인간의 본성을 '이(理)'라고 보고 마음(理)이 표현되어 형태로 나타난 것을 '기(氣)'라고 하였다. 이로써 인간의 본성(本性)과 우주의 원리(原理)를 탐구하는 학문이라는 이름의 성리학(性理學)이 성립 되었다.

성리학은 중국 송나라와 뒤를 이은 원나라, 그리고 명나라 중반까지 중국을 지배하는 통치 이념으로 강력한 힘을 발휘했다. 더구나 원나라 말기 고려에 전파되어 고려 신진사대부들이 성리학을 바탕으로 새로운 나라를 건국하니 바로 조선이었다. 조선은 500년 역사를 통틀어 성리학을 완고한 국정교학으로 삼아 성리학의 나라를 이룩하였다.

모습을 바꾸며 명맥을 이어간 유학

명나라 때는 성리학이 너무 이론적으로만 치우치자 이에 대한 반발로 실천을 강조한 양명학이 새로운 유학으로 등장했다. 청나라 때는 지배층인 만주족이 청에 대한 한족 유학자들의 비판

- **오규 소라이**
  주자학적인 유학을 거부하고 일본 국학의 기초를 다졌다.

을 강력히 억제한 대신, 학자들을 『사고전서』나 『강희자전』과 같은 방대한 편찬 사업에 동원했다. 이에 당시 존재하던 모든 유교 경전을 수집하고 비교하고 검증하여 도서관에 보관하기 위한 학문이 발달하였다. 이를 고증학(考證學)이라고 했다.

한편 일본은 일찍부터 유학을 받아들였으나 오랜 내전으로 인해 유학이 크게 발달하지는 못하였다. 임진왜란 이후 집권한 도쿠가와 이에야스는 에도(지금의 도쿄)에 막부를 세우고 오랜 내전으로 혼란한 국내 정치를 안정시키고자 하였다. 또한 지방 세력을 약화시키기 위해 중앙집권 제도를 추진했으나 여전히 지방의 힘은 강력하게 남아 있었다. 이 과정에서 정부와 학자들은 성리학과 양명학을 받아들여 통치 이념으로 삼으려 했다.

그러나 지방 세력이 강하고 무사 중심의 일본에서는 성리학이나 양명학이 잘 맞지 않았다. 일본의 유학자들은 성리학과 양명학을 일본에 맞게 받아들여 국학(國學)이라고 하면서 일본의 전통과 결합시켰다. 일본의 국학은 이후 일본 각 지방의 경제적 번영에 힘입어 각 지역의 학문으로 발전하였고, 일본의 근대화에 밑바탕이 되었다.

유교의 전성기는? 송나라 주자가 유학을 집대성하다

유교의 전성기는 언제일까. 공자가 유교의 최고 성인이니 공자가 살았던 시대일까. 사실 유교는 전성기를 특별히 정할 수 없을 만큼 전 시대에 걸쳐서 주도권을 장악했다. 하지만 오히려 춘추 전국 시대에는 공자·맹자 모두 실력을 발휘할 충분한 기회가 없었다.

유교가 본격적으로 주도권을 장악한 것은 한나라 무제 때부터였다. 동중서와 같은 유학자들이 활약하면서 나라를 다스리는 원리로 유교가 채택된 것이다.

유교를 통치 이념으로 채택한다는 것은 여러 의미가 있다. 가장 중요한 것은 인재를 등용할 때 유교적인 지식을 갖춘 사람을 유교의 원리에 따라 등용한다는 것이다. 유교적 지식이란 유교 경전에 통달하고 이를 여러 정책에 적용할 수 있는 지식이다.

한나라 이후 위진남북조와 수·당을 거치면서 불교가 도입되고 도교가 발달하며 한때 유교가 위축되기도 했다. 하지만 유교는 송나라 주자의 등장으로 새로운 시대를 맞이하였다. 이 시기 새롭게 발달한 유학을 성리학, 즉 인간의 본성과 자연의 원리를 파악하는 학문이라고 하였다. 정치와 인간에 대한 관심이 우주와 자연으로 확대된 것이다.

이런 맥락에서 유교가 가장 융성했던 시기는 유교가 처음 등장한 춘추전국 시대가 아니라 송나라에서 명나라까지라고 할 수 있다.

춘추전국 시대는 사자성어의 시대

춘추전국 시대는 수많은 전쟁을 거치면서 동맹과 배신, 약한 다수가 강한 하나를 공격하는 합종과 강대국이 약소국을 도와주면서 겸병을 진행하는 연횡이 끊임없이 반복된 시대였다. 합종과 연횡은 본래 의미로는 전국 시대 말기 소진과 장의가 제안한 외교 술책이었지만, 그 의미를 넓혀 외교적인 술수를 통한 연합책을 이르는 말이 되었다.

춘추전국 시대를 배경으로 한 사자성어는 수없이 많은데, 특히 오나라와 월나라의 갈등과 전쟁을 통해 많은 사자성어가 만들어졌다.

복수를 꿈꾸는 자들이 새겨들어야 할 '와신상담(臥薪嘗膽)'이나, 외교에는 영원한 적도, 동지도 없다는 의미의 '오월동주(吳越同舟)'가 그것이다. 이 밖에도 토사구팽, 관포지교, 순망치한, 결

- 『사기』
  중국 전한 시대 사마천이 쓴 역사서로 동양에서는 역사책의 시조이자 모범이다. 「본기(本紀)」 12권, 「표(表)」 10권, 「서(書)」 8권, 「세가(世家)」 30권, 「열전(列傳)」 70권으로 구성된 기전체 형식의 역사서이다.

초보은 등 손으로 꼽을 수 없을 정도이다. 춘추전국 시대 이야기를 담은 사마천의 『사기』를 읽어보면서 인류의 삶이 보여주는 지혜를 경험해보자.

춘추전국 시대 공자 맹자처럼 유명한 사상가들은 성씨 뒤에 자(子)를 붙여서 그에 대한 존경심을 표현하였다. 묵자(墨子) 또한 스승, 사상가로서 존경받은 인물이라는 것을 그의 이름을 통해 알 수 있다. 그런데 묵자 또는 묵적이 누구인지 아느냐고 물어보면 중·고등학교 때 세계사 시간이나 도덕 시간에 굉장히 집중해서 공부한 학생이 아니라면 들어본 적도 없는 인물이 된다. 들어는 보았는데 누구인지 어떤 사람인지는 대략이라도 설명하기 어려운 인물이다. 먹자와 비슷한 이름을 가진 묵자, 그리고 그의 제자들로 이루어진 묵가에 대해 알아보자.

제2장

묵자
- 전쟁에 대한 격렬한
반대와 저항, 반전을 위한 전쟁

01

익숙한 듯 낯선 이름, 묵자

묵자의 이름은 묵적이다. 묵씨 성은 우리나라에서도 드문 성이지만 중국에서도 흔치 않은 성씨이다. 묵자가 이끌었던 묵가는 춘추전국 시대 법가나 유가에 못지않게 큰 세력을 형성했던 사상 집단이었는데, 춘추전국 시대가 끝나면서 묵가도 쇠퇴하였기 때문에 현대 사람들은 묵자나 묵가의 이름은 들어보았어도 그 사상에 대해 깊이 알기는 어렵다.

묵자에 대해서는 기록이 많지 않기 때문에 그가 태어난 곳이나 부모에 대한 것을 자세히 알 수는 없다. 성씨를 묵이라고 했는데 묵(墨)은 먹물이라는 뜻이다. 그래서 사람들은 묵자의 피부가

- **묵자**

  묵자는 겸애를 주장한 사상가로 독특한 성씨 때문에 피부가 검었을 것으로 추측하기도 한다.

검은색이어서 묵씨가 되었다고 생각했다. 묵적의 아버지나 할아버지에 대해 알려진 것이 없기 때문이겠지만, 묵적이 묵씨 가문을 만든 사람이 아니라면 검은 피부 때문에 묵씨라고 했을 이유는 없을 것이다. 또 어떤 이는 묵적이 죄를 짓고 묵형(墨刑: 이마에 전과자임을 알리려고 새긴 문신형)을 당했기 때문에 묵씨 성을 갖게 되었다고 수장하기도 했다.

사마천의 『사기』에는 묵적에 대한 기록이 거의 없다. 맹자에 대한 기록 끝에 짧은 기록이 있을 뿐이다.

묵적은 송나라의 대부(관리)로서 성을 지키는 방어의 전술에 능하였으며 비용을 절약할 것을 주장하였다. 어떤 사람은 그를 공자와 같은 때의 사람이라고 말하기도 하고, 어떤 사람은 공자보다 뒤에 살았던 사람이라고도 하였다.

－『사기』, 「맹자」

이제 우리는 묵적에 대해서 그가 남긴 여러 일화를 통해서 알아볼 수밖에 없다. 그리고 그의 제자들이 남긴 것으로 보이는 『묵자』라는 책이 묵적에 대해 이야기해 줄 것이다.

유가에 가려 잊혔던 『묵자』가 다시 빛을 보다

묵자에 대해서는 알려진 사실이 많지 않다. 그러므로 그의 사상과 생애를 알고자 한다면 반드시 묵자의 언행이 기록된 책, 『묵자』를 살펴보아야 한다. 『묵자』나 『묵경』이라고 하는 책은 묵자와 그의 학파인 묵가에 대한 거의 유일한 기록이다.

공자의 언행을 기록한 『논어』처럼 『묵자』도 묵자의 사상과 언행을 기록한 책으로 알려져 있다. 묵자 자신이 기록한 것이 아니고 묵자의 제자들이 약 200년에 걸쳐 기록한 것이기 때문에 묵자뿐 아니라 묵가 집단의 핵심적인 사상과 사례, 일화가 기록된 책이다.

그런데 이 책은 19세기가 되기 전에는 제대로 전해지지 않은 것으로 보인다. 공자나 묵자가 활약했던 춘추전국 시대에는 아직 종이가 발명되지 않았다. 모든 책은 죽간에 쓴 것이다. 물론 인쇄술도 없었다. 그러므로 책은 대단히 귀한 물품이었지만 한나라 이후 묵가의 책은 쓸모없게 되었고 누구도 찾지 않는 책이 되었다. 한나라 때 유가의 학문은 국가 통치 이념으로 채택되어 번성하고 발전한 반면, 묵가의 사상은 필요 없어진 것이다. 특히 유가와 격렬하게 대립했던 묵가의 학문은 유학이 발달할수록 쇠퇴할 수밖에 없었다.

사라질 뻔한 『묵자』는 위진남북조 시대인 동진 때 도교 경전인 『도장』이라는 책 사이에 편입되어 후대로 이어졌다. 도교의 책으로 알려진 『도장』에서 『묵자』를 분리하고 체계화한 것은 청나라 때이다. 잘 알려진 대로 청나라 고증학이 발달하면서 기존에 있던 모든 책을 다시 해체하고 정리하는 작업이 이루어졌다. 이 시기에 『묵자』가 다시 발견되고 쑨이랑이 이를 모아서 정리하고 해설을 붙여 출간하면서, 묵자의 사상이 다시 세상에 나올 수 있게 되었다. 쑨이랑의 뒤를 이어서 중국 청나라 말기의 가장 뛰어난 사상가 중 한 명인 량치차오가 묵자의 사상을 분류·정리하여 쉽게 소개했다.

- **량치차오(왼쪽에서 두 번째)**
  청 말기의 중국의 정치가, 지식인이면서 사상가로 캉유웨이의 제자로 있다가 1898년의 변법자강운동에
  참여한다. 변법자강운동 실패 이후 중국의 대표적인 학자이자 사상가로 성장하였다.

후한 시대의 역사책인 『한서』에 따르면 『묵자』는 원래 71편이
라고 하는데, 쑨이랑과 량치차오, 후스 등 후대의 학자들이 정리
하여 15권 53편으로 분류하였다.

량치차오는 묵자를 작은 예수이자 큰 마르크스라고 했다. 묵
가의 사상 속에서 크리스트교 정신과 마르크스주의 사상을 발견
하고 이렇게 표현한 것이다. 과연 2,500년 전의 묵자와 서양 크
리스트교 및 마르크스주의에 어떤 공통점이 있을까?

『묵자』와 『묵경』은 어떤 책일까?

『묵자』는 15권 71편으로 되어 있었는데, 지금 전하는 것은 53편이다. 그중에서 묵가 사상의 핵심을 보여주는 부분은 상현·상동 등 10가지 주요 덕목을 다룬 편이다. 겸애사상을 바탕으로 평민으로 살아가는 데 필요한 지침을 남긴 부분이다.

상현은 묵자의 정치 이론과 정치 혁신의 핵심이다. 묵자는 설사 일반 농민이나 수공업자라도 일정한 재능만 가지고 있으면 그를 천거하여 높은 직위와 봉록을 주어 일하게 하고 여기에 걸맞은 권한을 주어야 한다고 주장했다. 이 밖에도 묵자가 주장한 핵심적인 덕목은 다음과 같은 내용으로 정리할 수 있다. 이 10가지 덕목은 묵자가 정해놓은 것이 아니라서 학자마다 조금씩 다를 수 있다.

1. 상현(尙賢): 신분에 구애 없이 현명한 사람을 숭상해야 한다.
2. 상동(尙同): 아랫사람이 윗사람을 높이 받들며 따라야 한다.
3. 겸애(兼愛): 모든 사람을 차별 없이 사랑해야 한다.
4. 비공(非攻): 전쟁(공격)을 금지해야 한다.
5. 절용(節用): 지출을 줄여야 한다.
6. 절장(節葬): 장례를 간소화해야 한다.

7. 천지(天志): 하늘의 뜻을 따라야 한다.

8. 명귀(明鬼): 귀신이 존재한다는 것을 알아야 한다.

9. 비악(非樂): 음악을 금지해야 한다.

10. 비명(非命): 숙명론을 거부해야 한다.

　이러한 10가지 덕목 외에도 더 많은 묵자의 사상이 보이는데, 이러한 묵가 사상을 책으로 만들어 정리한 것을 『묵경』이라고도 하고 『묵변』이라고도 한다. 여기서는 묵가의 사상을 기록하고 당시 중국의 여러 분야에 대해 해설과 논평을 싣고 있다.

　겸애와 함께 묵가 사상의 특징을 잘 보여주는 것이 전쟁에서의 수비법이다. 평화를 지키기 위한 방법으로서 수비법을 연구하여 정리한 것으로 평화를 희망하는 묵가의 마음이 드러난다. 성문에 대한 수비(비성문), 사다리 공격을 막는 수비법(비제), 수공을 막는 수비법(비수), 구멍을 뚫는 공격을 막는 수비법(비혈) 등인데, 성을 지키고 적을 막는 방어 기술과 방어용 무기 제작법으로 모두 11편으로 기록되었다.

02

묵자, 사랑의 실천을 강조하다

묵가의 사상으로서 가장 널리 알려진 것이 바로 겸애(兼愛)라고 하는 것이다. 겸애는 '차별 없는 사랑'으로 해석되며 유가의 인과 대비되는 사랑의 개념으로 널리 알려져 있다.

신분을 넘어 평등을 외치다 – 겸애

겸애는 한자어이므로 그 뜻을 살펴보면, 겸(兼)은 '겸하다, 아울러'라는 의미가 있으므로 겸애는 '두루두루 사랑하는 것', 또는 '널리 사랑하는 것'이다. 유사한 단어로 '박애'를 들 수 있다. 『국어사전』에서는 겸애와 박애를 다음과 같이 설명하고 있다. 사전에서 설명하는 뜻을 보면 겸애와 박애는 별다른 차이가 없다. 과거에는 프랑스 혁명의 3대 이념을 '자유' '평등' '박애'라고 했으나, 이는 '박애'의 개념을 잘못 적용한 예이다. 지금은 '박애'가 아니라 '우애'로 표현하고 있다.

묵가에서 '겸애'를 주장하고, 이 주장이 널리 공감을 얻고 퍼지게 된 것은 당시가 춘추전국 시대였기 때문이다. 특히 묵자가 활동한 시기는 전국 시대로 넘어가는 시기로 혼란과 무질서가 매우 심한 시기였다. 전쟁이 더 자주 일어나고 평화를 원하는 사람이 점점 더 늘어나게 되어 제자백가의 활동이 가장 활발한 시기이기도 했다. 이 시기에 묵자가 혼란을 극복할 수 있는 방안으로 서로 사랑할 것을 제안했다. 서로 사랑하라는 것은 공자의 사상도 마찬가지인데, 공자와 묵자는 그 사랑의 방법과 대상이 달랐다.

공자는 임금과 신하, 아버지와 아들이 각각 자신의 처지, 위치에서 최선을 다할 것과 그 처지에서 사랑할 것을 주문했다. 정치하는 사람은 백성을 사랑하고 이들을 위한 정치를 해야 하는 것이다. 그러면 어떻게 해야 할까. 공자는 요·순·우왕의 시대를 가장 평화롭고 잘 다스려진 시대로 보았다. 주나라를 세운 문왕과 무왕(재위: 기원전 1046년경~기원전 1043년경)도 성인으로 보았다. 그러므로 주나라를 가장 이상적인 나라로 생각했다. 춘추전국의 문제를 해결하기 위한 방법 또한 주나라처럼 통일된 나라를 전제로 한 것이었다.

현실은 전쟁, 해결 방법은 온통 사랑(겸애)

묵자의 생각은 달랐다. 묵자는 우선 현실을 인정했다. 현실은 수십 개의 나라로 나뉘어 약육강식의 혈전을 벌이는 세계였다. 약육강식이 벌어지는 이유는 영토를 넓히기 위한 것인데, 사실 이는 지배층이 원하는 것이지 백성이 원하는 것은 아니었다. 전쟁을 일으키는 것은 각 나라의 지배층인데 실제로 전쟁에 동원되는 것은 일반 백성이었다. 묵자는 백성이 전쟁에 휘말리지 않고 평화롭게 살 방법을 찾고자 했다.

묵자는 현실이 혼란한 것은 사랑이 부족하기 때문이라고 보았다. 서로 사랑하지 않기 때문에 모두 상대를 해치고 자기 이익만 챙기려고 한다는 것이다. 지배층은 피지배층과 다른 나라의 백성을 사랑하지 않기 때문에 정복하려고 하고 힘이 없는 피지배층은 또 살아남기 위해 더 약한 사람을 정복하거나 억누르게 된다고 보았다.

제2장 묵자 – 전쟁에 대한 격렬한 반대와 저항, 반전을 위한 전쟁

만약 온 천하가 모두 서로 더불어 사랑하게 하여 타인을 자신처럼 사랑한다면 불효자가 있겠는가? 부형과 임금을 자기 몸처럼 여기면 누가 불효하겠으며, 제자와 신하를 자기 몸처럼 여기면 누가 자애롭지 않겠는가? 다른 사람의 집을 자기 집처럼 여기면 누가 훔치며, 타인의 몸을 내 몸처럼 여기면 누가 해치겠는가. 타인의 집을 내 집처럼 여기면 누가 어지럽히겠는가. 타국을 내 나라처럼 여기면 누가 공격하겠는가?

-『묵자』, 「겸애 상」

온 천하가 서로 더불어 사랑해야 한다. 남과 구분 짓는 것을 별(別)이라 하고 '별'은 매우 나쁜 것이며 고쳐야 할 것이다. 어떻게 고쳐야 할까. 묵자는 '겸으로 별을 대신한다'는 대안을 제시했다. '천하가 서로 더불어 사랑하'는 것, 그것이 바로 겸애이다. 그렇게 되면 나라끼리 서로 공격하지 않게 되므로 전쟁이 사라지고, 천하가 다스려지게 된다고 했다.

묵자가 말하는 진정한 사랑이란?

차별 없는 사랑이 가능할까? 묵자의 말을 직접 들어보자.

차별적인 사랑을 주장하는 사람은 '내 어찌 내 친구의 몸을 위하기를 내 몸 위하듯 하고, 내 친구의 어버이 위하기를 내 어버이 위하듯 하겠는가'라고 할 것이다. 그러므로 그는 그의 벗이 굶고 있어도 먹여주지 않으며 헐벗고 있어도 입혀주지 않을 것이다. 내 굶주림과 내 헐벗음이 더 급하기 때문이다.

-『묵자』,「겸애 상」

겸애하는 사람은 차별적인 사랑을 주장하지 않는다. 천하의 훌륭한 사람이라면 반드시 그의 친구의 몸을 자기 몸 위하듯 하고 친구 어버이 위하기를 자기 어버이 위하듯 한다. 그래야 천하의 훌륭한 사람이 될 수 있다고 한다. 이렇게 무차별적인 사랑의 실천이 겸애이며, 겸애가 ㅈ아니면 진정한 사랑이 아닌 것이다.

겸애는 사랑을 늘리고 넓힌 것이다. 사람은 자연의 한 부분이고, 자연은 전체이다. 또 사람은 사회를 이루고 살아야 한다. 사회는 연결되어 있는 전체이다. 사람은 이런 자연과 사회에서 따로 떨어져 살 수 없다. 한 사람을 사랑한다고 할 때는 전체를 사랑하는 것이지, 팔다리만 따로 사랑할 수는 없다. 부분적인 사랑은 불완전한 사랑이다.

묵자는 하늘의 움직임은 공평하면서도 개인적인 감정이 없고,

베푸는 것은 많으면서도 내세우지 않고, 그 밝음은 오래가면서도 쇠퇴하지 않는다고 하였다. 하늘은 모든 사람에게 똑같이 대해주었기 때문에 사람도 다른 사람에게 똑같이 대해주어야 한다. 다만 공평한 하늘의 뜻을 제대로 따르면 상을 받고, 그렇지 않으면 벌을 받을 뿐이다.

서양보다 앞서 천부인권을 주장한 묵자

공평한 사랑은 당연히 신분에 구애받지 않아야 한다. 사람은 누구든 똑같이 사랑받고 이롭게 살 수 있는 존재로 태어났다고 했다. 그리고 사랑받을 대상은 정해져 있지 않다. 묵자는 천부인권 사상을 이렇게 주장하였다.

하늘은 사람들이 서로 사랑하고 돕기를 바라지 결코 미워하고 해칠 것을 바라지 않는다. 어떻게 그걸 알 수 있을까? 그 답은 하늘이 모든 것을 아울러 사랑하고 이롭게 해주는 것으로 알 수 있다고 하였다. 그러면 하늘이 모든 것을 아울러 사랑하고 이롭게 해주는 것은 어떻게 알 수 있는가? 그것은 하늘이 모든 것을 아울러 보전하고 먹여 살리는 것으로 알 수 있다.

하늘이 모든 것을 보전하고 먹여 살린다는 것은 인간이 하늘

로부터 부여받은 타고난 권리를 가진 존재라는 것이다. 즉 천부
인권을 타고 난 존재라는 것을 주장한 것이다.

서양에서는 17세기~18세기 계몽사상에서 천부인권에 대한
의식이 처음 등장하였다. 동양에서는 춘추전국 시대에 제자백가
라는 다양한 사상 가운데 신분제를 극복한 평등한 사회에서 천
부인권을 말하는 철학, '묵가'가 등장하였다.

겸애를 실천하는 데는 용기가 필요하다

지금까지 본 것처럼 겸애는 모든 사람을 차별 없이 사랑하고
이롭게 해주어야 한다는 것이다. 그런데 묵자가 살던 시대는 춘
추전국 시대였다. 매일 전쟁이 일어나는 것은 아니지만, 언제든
전쟁이 일어날 수 있는 시대였다. 예나 지금이나 전쟁은 그 지역
을 초토화시키고 인간의 삶을 극단적으로 파괴한다. 그러므로
묵자는 이 시대에 사람을 사랑하는 가장 기본적이고 중요한 방
법은 전쟁을 막는 것이라고 생각했다.

춘추전국 시대는 큰 나라가 작은 나라를 침략하거나 겁을 주
어서 영토를 넓히는 시대였다. 큰 나라는 작은 나라를 정복하기
위해, 작은 나라는 정복당하지 않고 살아남기 위해 부국강병을
추구한 시대였다. 부국강병을 이루기 위해 각국의 왕들은 인재

를 등용했고, 이 때문에 제자백가가 융성한 것이다. 그러므로 큰 나라든 작은 나라든 전쟁을 당연하게 생각했다. 그런데 묵자는 이에 대해 반대하며, 겸애하는 사람은 큰 나라의 왕이라도 작은 나라를 침략하지 않아야 한다고 주장했다.

그러므로 겸애를 실천하는 데에는 한 나라의 왕으로서 나라의 발전을 위한 전쟁을 포기할 수 있는 정도의 큰 용기와 신념이 필요했다. 한 나라의 장군으로서는 왕의 명령을 받고도 전쟁을 거부할 수 있는 용기와 신념, 한 나라의 병사로서 장군의 명령을 거부하고 전쟁을 거부할 수 있는 용기와 신념이 필요했다.

03

평화도 힘이 있어야 지킬 수 있어—비공(非攻)

큰 나라든 작은 나라든 전쟁이 일어나면 나라가 위태로워진다. 역사상 많은 나라가 전쟁으로 멸망했다. 심지어 전쟁에서 이겨도 멸망하거나 멸망에 가깝게 쇠퇴하기도 했다. 고구려는 수와 당의 숱한 침략을 이겨냈지만, 단 한 번의 패배로 나라가 멸망했다. 그러므로 전쟁은 어떤 수를 쓰더라도 피하는 것이 상책이다. 그런데 춘추전국 시대는 약육강식의 시대이며, 영토확장을 위한 전쟁의 시대였다. 오죽하면 나라들이 다툰다는 의미로 전국 시대라는 이름을 붙였겠는가.

전쟁을 하게 되면 가장 큰 피해자는 누구일까. 전쟁을 결정하는 것은 왕과 지배층이지만 전쟁을 수행하는 것은 백성이다. 전투에 참가하는 병사들뿐 아니라 무기를 만들고 식량을 공급하며 전쟁을 수행하는 것은 백성이다. 전쟁의 승리를 누리는 것은 왕과 지배층일 뿐, 백성은 전쟁의 승패에 관계없이 괴로움을 겪을 뿐이다. 백성의 입장에서 '겸애'를 주장했던 묵자가 전쟁을 반대한 것은 당연하다.

겸애를 바탕으로 전쟁을 거부하는 것을 묵자는 '비공'이라고 했다. 전쟁은 죄 없는 사람들을 죽게 만드는 옳지 못한 행위이기 때문이었다. '비공'은 차별 없는 사랑을 실천하는 매우 적극적인 방법이었다.

평화를 위한 전쟁 – 영화 〈묵공〉

그런데 비공은 전적으로 강대국의 국왕이 어떤 태도를 갖느냐에 따라 그 결과가 달라지게 된다. 강대국의 지도자가 약육강식과 부국강병을 목표로 한다면, 비공을 받아들이지 않을 것이다. 그리고 주변의 약소국을 점령하여 영토를 확장하려 할 것이다. 그렇다면 묵자는 어떻게 해야 할까.

놀랍게도 묵자는 제자들과 함께 적의 공성에 대비하여 성을 수비하는 방책을 연구하였다. 스스로를 지켜낼 힘이 없는 약한

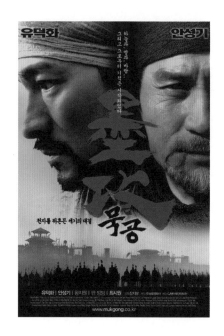

나라를 위해 효율적으로 성을 지킬 수 있는 방법을 연구하여 보급하였으며, 심지어 실제로 성을 지키는 전투에 참여하기도 하였다.

영화 〈묵공(2006)〉은 중국·일본·한국이 함께 제작한 영화로 일본 만화인 『묵공』을 영화로 만든 것이다. 시대 배경은 전국 시대로 천하 통일을 눈앞에 둔 조나라의 10만 대군이 마지막 길목에서 인구 4,000명인 조그만 양성을 함락하기 위해 포위했다. 그러자 양성에서는 '묵가'에게 지원 부대를 요청하고, '묵가'에서는 단 한 명을 파견한다.

혈혈단신 양성을 돕겠다고 찾아온 혁리는 양성의 모든 이에게 비웃음을 사지만 전략적인 방어 전술로 조나라의 공격을 막아낸다. 만화적인 상상력을 동원한 내용이지만, 실제 묵가에서 적의 공격을 막아내고 성을 지키는 전쟁술을 연구했던 사실을 바탕으로 만화로도, 영화로도 만들어진 이야기이다.

성(城)을 지켜라

영화 〈묵공〉에서 4,000명이 10만 명을 이겨낸 것처럼, 전쟁에서 패배하지 않기 위해서는 성을 잘 지켜야 한다. 성을 지키기 위해서는 대비를 잘하는 것이 중요하다.

묵가에서는 성을 지키기 위해서 다음의 세 가지가 갖추어져야 한다고 주장했다. 적과 싸우기 위해서는 우선 창고에 무기가 충분해야 한다. 그리고 성곽이 튼튼해야 한다. 그다음에는 병사들이 충분히 싸울 수 있도록 식량이 풍족해야 한다. 적어도 석 달 동안의 식량은 갖추고 있어야 한다. 이 세 가지가 갖추어져 있다면 어떤 나라도 쉽게 공격하지 못할 것이기 때문에 자연스럽게 전쟁을 줄이거나 없앨 수 있는 것이다.

그리고 이 같은 조건 아래서도 침략을 당하게 되면 이에 따라 성을 지킬 수 있는 여러 방법을 찾아야 하는데, 묵자는 이를 위해 성문을 지키는 법에서부터 다른 여러 가지를 지키는 방법을 제시해주고 있다.

묵자의 실력을 확인해볼 수 있는 일화가 있다. 초나라의 공수반이라는 사람이 새로운 무기를 만들었다. 그것은 공성전에서 성을 넘을 때 사용하는 구름사다리, 운제였다. 초나라에서는 이 신무기를 이용하여 송나라를 공격하기로 했다.

이 소식을 들은 묵자는 열흘에 걸쳐 말을 달려 초나라에 도착했다. 운제를 만든 공수반을 만나 그에게 다음과 같은 비난을 퍼부었다.

> 당신은 돈을 받고 살인을 해달라는 내 부탁에 대해 '의로운 사람은 살인을 하지 않는다'며 거부하였습니다. 그러나 당신이 개발한 운제를 사용하여 송나라를 공격한다면, 송나라의 수많은 백성이 죽고 말 겁니다. 그러니 당신은 어진 사람이라 할 수 없습니다.
>
> 『묵자』, 「공수」

이에 공수반은 묵자가 옳다는 것을 인정했다. 그러나 그의 왕,

즉 초나라의 왕은 그렇지 않았다. 운제의 시험을 위해서라도 송나라를 꼭 공격하겠다는 의지를 굽히지 않았다.

이에 묵자는 운제를 사용하더라도 송나라를 정복할 수 없다고 주장하며 공수반과 함께 가상의 전쟁에 돌입했다. 묵자와 공수반은 가상의 성을 만들었다. 공수반은 운제를 이용하여 아홉 번이나 다른 방법을 써서 성을 공격하였으나 묵자는 아홉 번 모두 이를 막아냈다.

전쟁 전문가들은 실제로 싸우지 않고도 가상의 전쟁을 통해 서로의 실력을 겨뤄볼 수 있었던가보다. 이로써 초나라 왕은 송나라를 공격하려는 계획을 포기하였고, 송나라는 전쟁을 모면할 수 있었다.

낭비하지 않는 것도 백성을 위한 겸애—절검(節儉)

낭비하지 말라는 가르침은 당연히 지배층을 대상으로 한다. 삶이 넉넉하지 않은 일반 백성은 흉년에는 초근목피(풀뿌리와 나무껍질)로 연명하니까 낭비할 여유도 없기 때문이다.

지배층과 피지배층, 부자와 가난한 사람의 비율은 대개 정해져 있다. 부유한 지배층의 비율은 1~5퍼센트 정도의 숫자일 뿐이다. 그런데 그들이 차지하고 있는 재산은 나라 전체의 50퍼센트가 넘는 경우가 대부분이다.

프랑스혁명(1789) 직전, 프랑스 지배층인 제1신분과 제2신분은 전체 인구의 2퍼센트였지만, 이들이 차지한 토지는 전체 프랑스

• **프랑스혁명을 이끄는 여신**
「민중을 이끄는 자유의 여신-1830년 7월 28일」 외젠 들라크루아의 그림으로, 파리에서 일어난 7월 혁명의 모습을 그리고 있다.

면적의 30퍼센트를 넘었다.

묵자는 지배층의 '절용'을 강조했다. 나라의 쓸데없는 비용만 낭비하지 않아도 나라의 부를 두 배로 늘릴 수 있다고 하였다.

성인이 나라의 정치를 하면 그 나라의 부를 배로 늘릴 수 있다. 그 것은 땅을 빼앗아서 늘리는 것이 아니라 쓸데없는 비용을 줄여서 늘리는 것이다. ……재물을 쓰는 데에 낭비가 없고 백성의 생활엔 수고로움이 없으며 생겨나는 이익이 많아지는 것이다.

-『묵자』,「절용 상」

이를 구체적으로 실천하기 위한 방법도 제시하였다. 묵자는 이론만 제시하는 학자가 아니라 실제로 실천하는 실용적인 학자였다.

옷을 지을 때는 겨울에 따뜻하도록, 여름에 시원하도록 한다. 화려하기만 하고 편리하지 않은 점은 없애버린다. 집을 지을 때는 겨울에는 추위를 막고, 여름에는 더위와 비를 막고 도적을 대비하여 튼튼히 만든다. 화려하기만 하고 편리하지 않은 점은 없애버린다. 갑옷과 방패와 병기를 만드는 것은 어떠한가. 가볍고 편리하고 튼튼하게 만든다. 화려하기만 하고 쓰기에 좋지 않은 점은 없애버린다.

-『묵자』,「절용 상」

화려하기만 하고 편리하지 않은 점은 없애버린다는 것은 바로 옷도, 집도, 무기도 모두 실용성을 가장 우선에 두고 만든다는 것이다. 사실 당연한 이야기 같지만, 실제로 이렇게 실천하는 것은 대단히 어렵다. 편리함을 위주로 만들었는데 돈이 남는다면, 그 돈을 아끼려고 하기보다는 화려한 장식을 더하고 싶을 것이기 때문이다. 하지만 묵자는 이렇게 비용을 절약하는 것이 곧 백성의 이익이기 때문에 절약해야 한다고 주장한 것이다.

절약은 장례에서도 필요하다 – 절장(節葬)

인간의 생로병사를 기념하는 예식 중에서 가장 중요한 것은 장례식이다. 죽은 자는 말이 없지만 죽은 자의 자손들은 장례 절차를 통해서 자신의 위치를 확인할 수 있었다.

장례 의식을 중요하게 생각한 것은 유가 집단이었다. 이 당시에는 유가의 방식으로 장례를 치르는 것이 일반적이었던 것으로 보인다. 묵자는 유가 중심의 길고 사치스러운 장례 절차에 대해 비판하면서 간소하고 검약한 장례를 주장했다.

이때의 장례 풍속을 묵자는 다음과 같이 묘사하였다.

후하게 장사 지내고 오랫동안 상복을 입고 관과 곽을 무거운 나무로 하고 수의를 많이 마련하여야 하니 장사지내는 것이 이사가는 듯하다. 또 3년 동안 울어서 쇠약해진 나머지 부축 받아야만 일어설 수 있고 지팡이로만 걸을 수 있다. 왕과 대신이 아닌 보통 사람은 상을 당하게 되면 집안 재물을 거덜 내야 할 것이다. 제후들은 온갖 보물과 화려한 장식으로 무덤 속을 치장할 것이며 심지어 천자나 제후의 시체와 함께 수백 명이나 적어도 수십 명의 사람을 묻어야 하며, 장군이나 대부는 수십 명 또는 몇 명의 사람을 함께 묻어야 한다.

–『묵자』, 「절장 하」

묵자가 비판한 당시의 장례 풍습은 사실 매우 충격적이다. 장례는 죽은 사람을 장사지내는 의식이지만 사실은 유족들의 체면치레를 위한 과정이다. 그런데 그 금전적인 부담이 한 집안을 휘청이게 만들 정도라는 것이다. 더욱 놀라운 것은 순장(殉葬)에 대한 이야기이다. 천자나 제후가 죽으면 수백 명을 순장하고, 장군이나 대부의 경우도 수십 명을 순장한다는 것이다. 이런 풍습이 사회적으로 널리 퍼져 부유하지 않은 평민까지 이를 따라 하는 현실을 서술하고 있다.

묵자는 이러한 모습에 대해 단호히 반대하면서 사치스런 장례 의식을 비판하였다. 묵자의 비판은 매우 논리적이다.

첫째, 장례에 필요한 물품을 마련하기 위해 너무 많은 재산이 소비된다. 부유한 이들은 큰 부담 없이 장례비를 마련할 수 있겠지만, 그렇지 못한 이들에게는 평생의 재산도 모자라 빚을 얻는 지경에 이르기도 했다.

둘째, 장례를 너무 오랫동안 치르면 각자의 직업에 충실할 수 없게 되어 또 다른 낭비가 된다. 관리는 출근할 수 없고, 농부는 농사지을 수 없고 부인은 집안 살림을 할 수 없게 된다. 유교에서는 부모님의 장례는 3년 동안 치러야 한다고 했다. 이런 주장에 대해 묵자는 너무 비현실적이라는 비판을 했던 것이다. 묵자의 말을 통해 살펴보자.

> 성대히 장사 지내는 것은 재산을 묻어버리는 것이다. 오랜 장례 절차는 결국 일을 오랫동안 못 하게 만든다. 즉 기껏 만든 재산을 다 묻어버리고, 뒤에 남은 자들은 오랫동안 일을 하지 못하게 된다. 그러면서도 부유하고자 하는 것은 말이 안 된다.
>
> -『묵자』,「절장 하」

사치와 낭비는 음악으로부터 – 비악(非樂)

묵자는 음악을 사치스러운 것으로 보아 이에 반대했는데, 이에 대해 음악을 좋아하는 사람은 반감을 가질 수도 있다. 묵자가 음악을 반대한 것은 사치스런 장례에 반대한 것과 같은 원리이다. 음악을 즐기기 위해서는 여러 가지 조건이 필요하다. 우선 악기를 만들어야 하는데, 큰북이나 금슬과 같은 악기는 제작에 많은 돈이 필요하다. 또한 음악을 즐기기 위해서는 연주하고 감상할 수 있는 시간이 필요하다. 돈과 시간이 부족한 서민이 즐기기에는 매우 어려움이 크다.

반면에 천자나 제후 등 지배층이 음악을 즐기게 되면, 악기 제작을 위해 백성의 재산을 빼앗게 되고, 음악을 즐기는 동안에 백성을 소홀히 하게 된다는 부작용이 있다.

묵자는 음악을 너무 좋아하고 음악에 푹 빠졌던 인물이 아니었을까 하는 생각이 들 정도로 음악의 부작용을 철저히 비판했다.

제나라 강공은 음악과 춤을 좋아하여 음악을 연주하는 악공에게 좋은 옷과 훌륭한 음식을 제공했다. 악공은 옷과 음식을 전혀 만들지 못하고 남에게 의지하는 자들이다. 지금 임금과 대신들이 음악을 핑계로 백성의 재물을 빼앗아 음악을 연주하게 한다.

-『묵자』, 「비악 상」

이렇게 비판하기도 했고, 또 다음과 같이 말하기도 했다.

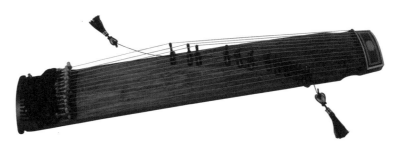

· 가야금
금의 일종인 가야금이다. 춘추전국 시대 대표적인 악기는 금과 슬이었다. 현악기로 서로 잘 어울린다고
하여 금슬이 좋다는 말이 유래됐다.

지금 임금과 대신들이 음악을 좋아하여 듣기만 하고 정치에 소홀

해지면 국가가 위태로워진다. 관리들이 음악에 빠져 자기 소임을

다하지 못하게 된다면, 농부들이 음악을 좋아하여 농사일에 소홀

하게 된다면, 천하는 움직이지 않을 것이다. 그러므로 음악은 옳

지 않다.

－『묵자』,「비악 상」

음악에 대한 묵자의 비판이 이해되기도 하지만, 음악을 즐기

면서도 자기 할 일을 다 하는 사람들로서는 묵자의 걱정이 심하

게 느껴지기도 할 것이다.

05

공자의 차별적인 사랑(仁)에 반대하다
ㅡ비유(非儒)

묵자는 대단히 실용적인 입장이었다. 그리고 그 중심에는 반드시 가난하고 힘없는 백성이 있었다. 조상에 대한 마음을 표현하는 장례 의식과 사람들의 마음을 위로하는 음악이 아무리 좋고 훌륭해도 백성에게 해가 되거나 백성이 즐길 수 없는 것이라면 묵자에게는 철저한 비판의 대상이었다.

묵자와는 반대로 인간의 생로병사를 예(禮)의 형식을 통해 표현하고자 한 것이 유가였다. 교육을 통해 절제되지 않은 사람은 동물과 다름이 없다고 보았기 때문에 유가에서는 교육을 중요하게 생각했는데, 가장 중요한 과정이 예절 교육이었다. 특히 장례 절차는 더 중요하게 생각했다. 그러므로 사치스럽고 너무 오랜 과정을 거친다는 묵가의 비판에도 불구하고 유가에서는 장례 절차에 많은 정성을 기울였다.

음악 또한 마찬가지이다. 음악은 유가에서 매우 중요하게 여기는 수양의 도구이다. 공자는 음악을 공부하기 위해 3개월간 유학하기도 했다. 성인군자의 음악을 대단히 중시한 반면, 정(鄭)나라의 음악은 음탕하다고 철저히 비판하기도 하였다.

묵자가 공부한 유가의 학문

유가의 중요한 덕목인 인은 차별적인 사랑이다. 나를 중심으로 가까운 사람과 먼 사람의 사랑이 같을 수가 없기 때문에, 유가에서 주장하는 충과 효는 대상에 따라 차별적일 수밖에 없었다. 반면에 묵자는 차별적인 사랑은 사랑이 아니며, 차별적인 사랑 때문에 전쟁이 일어나서 많은 사람, 특히 힘없는 백성이 고통 받는다고 보아 겸애를 주장한 것이다.

묵자는 원래 유학을 공부했다. 그러다가 유학의 문제점을 비판하면서 묵가의 학파를 형성했다. 묵자가 유가를 크게 비판했지만, 사실 묵자의 학문은 유학으로부터 시작되었던 것이다. 묵자가 이상형으로 삼은 성인군자는 바로 유가에서 말하는 성인군자이다.

유가에서는 중국 역대 성인으로, 요·순·우·탕·문·무·주공을 꼽는다. 요·순은 전설상의 성군으로 백성을 잘 다스린 임금이며, 우 임금은 하나라의 시조로서 백성을 위해 홍수를 다스린 왕이다. 탕 임금(재위: 기원전 1617년경~기원전 1588년경)은 상나라의 시조로서 하나라의 폭군인 걸왕(재위: 기원전 1652년경~기원전 1600년경)을 물리치고 백성을 구제한 왕이다. 문왕·무왕·주공은 모두 상나라를 멸망시키고 주나라를 건국한 왕이다.

이들의 공통점은 각 나라의 왕으로서 백성을 고통에서 구제하여 태평성대를 이룩한 왕이라는 것이다. 묵자는 지배층이 백성을 괴롭히는 것에 대해 크게 반발하며 서민과 낮은 신분의 사람을 대변하는 입장인데, 유가에서 성인으로 추앙하는 일곱 명의 군주를 성인으로 인정했다는 것은 묵자의 학문이 유가에서 비롯되었다는 것을 보여준다.

사실 묵자가 자신의 사상을 표현하기 위해 새로운 책을 쓰거나 사상을 동원한 것은 아니었다. 당시에 사회적으로 널리 읽히고 있던 책으로부터 사상적 원리를 이끌고 왔던 것이다. 그리하여 당시 유가의 대표적인 책인 6경 중에서도『시경』『서경』『춘추』와 같은 책을 널리 인용하면서 유가의 주장을 반박했다. 묵자가 유가의 학문을 잘 알고 있었기 때문에 이를 바탕으로 유가를 공격할 수 있었던 것이다.

유가에서 출발하여 유가를 뛰어넘다 — 상현(尙賢), 상동(尙同)

묵자의 주장에서 '상현(尙賢)'은 현자를 숭상한다는 의미로 현명한 사람을 높이고 등용해야 한다는 주장이다. 유가에서도 당연히 현명한 사람을 등용하여 백성을 다스릴 것을 주장하므로 이 점에서 유가와의 차이를 발견하기는 어렵다.

현명한 사람을 등용하는 것은 누구인가. 당연히 임금이다. 임금이 현명한 사람을 등용한다는 점에서 묵자는 임금의 존재, 지배자의 존재를 부정하지는 않고 있다.

다만 묵자는 현명한 사람을 등용하되 신분에 구애받지 않아야 한다고 보았다. 순임금은 밭 갈던 농부였다가 요임금이 그를 발탁하여 천자로 삼았고, 이윤은 백정 출신이었으나 탕임금이 그를 재상으로 뽑아 백성을 다스렸다. 묵자는 이러한 사례를 들어 신분에 관계없이 현명한 자를 등용해야 한다고 주장했다. 유가의 사상에서 출발했으나 유가의 사상을 뛰어넘어 신분 평등·계급 평등의 사상으로까지 발전시킨 것이다.

이런 사상이 더욱 두드러지게 드러난 것이 '같음을 숭상한다'

는 의미를 가진 '상동'이다. 묵자는 근대적인 신분 평등을 주장하였으나 계급에 의한 지배 질서를 부정하지는 않았다.

다만 왕의 지배 질서 아래서 분별 있고 지혜로운 사람들을 중간의 관리로 뽑아 동등하게 다스려야 한다고 보았다. 그래서 천하를 하나의 생각으로 만드는 것을 동(同)이라고 생각했다. 그런데 이런 생각은 사람들의 다양성을 인정하기보다는 협력에 초점을 맞추어 공정한 세상을 추구했다.

> 윗사람이 옳다고 여기는 것은 반드시 모두가 그것을 옳다고 여기며, 그르다고 여기는 것은 반드시 모두가 그것을 그르다고 여겨야 한다. 착한 것은 칭찬하고 착하지 못한 것을 벌을 주어야 한다.
>
> -『묵자』,「상동 중」

옳고 그름에 대한 판단을 개인적인 것이 아니라 집단적으로 해야 한다는 묵자의 주장이 다소 과격해 보이지만 묵자가 이렇게까지 상동을 주장한 이유는 바로 다음에 있다.

윗사람은 상과 벌을 주는 일을 밝게 살펴서 빈틈없고 확실하게 해야 한다. 그러므로 각 우두머리 된 사람은 아랫사람들에게 다음과 같이 명령을 내린다. 착한 것과 착하지 못한 것을 듣거나 본 사람은 반드시 그 사실을 윗 사람에게 고해야 한다. 그래야만 신상 필벌이 분명해지고 누구에게나 공평하게 된다.

-『묵자』, 「상동 중」

이 같은 사상은 세상에서 유리한 것도 불리한 것도 없이 누구나 공평하게 법의 처분대로 살 수 있는 세상을 만들자는 의미로, 서로가 서로에게 공정한 언론이 되어야만 그런 세상을 만들 수 있다는 것이다.

상현과 상동은 유가의 신분 차별적인 사회사상을 완전히 벗어나지는 않았지만, 당시 신분 질서 내에서 가장 평등하고 공정한 세상을 추구한 묵자의 사상이 잘 드러난 주장이다.

묵자의 차별 없는 사랑과
마르크스의 공산주의의 공통점은?

묵자가 주장한 차별 없는 사랑, 온통 사랑으로 세상을 대하는 태도는 매우 특이하다. 마치 서양에서 19세기에나 나오는 마르크스의 '공산주의'와도 같다. 마르크스가 공산주의를 생각한 이유는 18세기 영국 산업혁명 이후 너무나도 가혹하게 노동자를 착취하는 자본주의 사회를 보면서 노동자도 자본가도 평등하게 생활을 영위해야 한다는 생각에서였다.

묵자가 활약한 시대는 어떠한가. 춘추 시대가 끝나고 전국 시대로 접어들어가던 이 시기는 철기 시대의 발전기이기도 했다.

춘추 시대까지 각 나라 간의 전쟁은 청동 무기가 주를 이루었다. 전쟁은 주로 장수나 귀족 간의 전차전으로 우두머리 간의 싸움이 판세를 갈랐다. 대규모 전투라 해도 몇만 명을 넘지 않았고, 사상자도 얼마 되지 않았다.

전국 시대는 철기의 시대이다. 철기의 보급으로 군사들 모두 창칼로 무장하고 병사들 간의 백병전이 벌어지게 되었다. 전국 7웅은 각각 수십만의 군사를 거느리게 되었다. 10만 명의 군사를 먹이고 무기를 지급하고 월급을 주는 것은 대단히 돈이 많이 드는 일이다. 지금을 기준으로 계산해보면 1인당 식비가 하루 1만 원(3끼)이라고 한다면 10만 명의 군사를 유지하려면 하루에 식비만 10억이다. 경제력이 뒷받침되어야 전쟁을 할 수 있었는데, 철기의 보급으로 농업과 상업이 크게 발달하자 가능해진 것이다. 그만큼 전쟁은 치열해졌고 사상자는 크게 늘어났다. 춘추 시대의 전쟁이 지배층의 전쟁이라면, 전국 시대의 전쟁은 병사들, 국민들의 전쟁이었다.

늘 백성의 입장에서 생각했던 묵자가 전쟁에 반대할 만했다. 묵자가 전쟁에 반대하자, 당시 많은 사람이 묵자에게 몰려들 수밖에 없었을 것이다. 차별 없이 누구나 사랑하자는 묵자의 주장은 지금의 입장에서 보면 실현되기 어려운 일로 보인다. 그런데 당시는 묵자의 '겸애'가 전쟁에 지쳐 있었던 사람들에게 호소력을 가질 만한 상황이었던 것이다.

춘추전국 시대의 전쟁과 청동기

춘추 시대에 청동기가 무기의 재료였을까? 전쟁은 어떻게 했을까? 흔히 청동기는 철기에 비해 약하고 재료(구리와 주석, 구리와 아연)도 흔치 않아서 제사용 그릇·장식용 무기로만 사용되었다고 알려져 있다. 그러나 중국에서는 청동기 유물이 매우 많이 발견되고 있어 청동기가 무기로도 적극적으로 활용되었을 것으로 추측한다. 하지만 모든 병사에게 무기를 지급하기가 쉽지 않았을 것이다. 따라서 먼저 병사들끼리 맞붙어 싸우는 전쟁의 형태보다는 대장들끼리 자웅을 겨루는 경우가 많았다고 한다.

청동기로 만든 무기는 칼보다는 창이 위주였다. 물론 칼도 만들었다. 오나라 왕의 명령으로 만든 간장·막야라는 칼은 청동검이지만 명검으로 이름이 높았다. 또 화살촉도 청동으로 만들어졌다. 다만 철기처럼 대량으로 생산하기는 어려웠기 때문에 춘

- 청동기 - 상나라 시대 술잔(왼쪽)과 청동기 창과 화살촉(오른쪽)
  청동기로 만든 상나라 시대 술잔. 청동기로 정교한 그릇과 무기가 만들어졌다.
  청동기는 칼보다 창과 화살로 많이 만들어졌다. 철기처럼 대량생산은 어려웠기에 많지 않았다.

추 시대 전쟁은 병사들의 숫자가 많지 않았다.

월나라 왕인 구천이 오나라에 복수하기 위해 총력을 기울인 공격을 할 때 병사들의 숫자는 수군 2,000명, 훈련받은 병사 4,000명, 친위병 6,000명, 군관 1,000명이었다. 1만 3,000명의 병사로 총 공격을 가한 것이다. 전국 시대가 되면 철기를 사용하면서 생산력이 발달하여 인구가 크게 증가하였다. 따라서 군대의 규모도 20만~30만 정도로 엄청나게 증가하였다.

맹자와 순자는 모두 유가 학문을 집대성한 학자이다. 맹자는 인간의 본성에 대해 이야기하면서 사람은 태어날 때 누구나 착한 상태라는 '성선설'을 주장하였고, 이를 바탕으로 인간을 잘 교육해야 한다고 주장하였다. 반면 순자는 인간은 본성이 선하지 않다는 '성악설'을 주장하였는데, 전국 시대 잦은 전쟁 상황에서 사회를 올바르게 바로잡기 위해서는 사람들을 교육해 올바르게 살도록 해야 한다는 의미였다. 맹자의 '성선설'이든, 순자의 '성악설'이든, 결국은 교육을 통해서 인간을 올바른 길로 인도해야 한다는 주장이다. 살았던 시기는 조금 차이가 나지만 역사의 라이벌로 칭할 만한 두 인물, 맹자와 순자에 대해 좀 더 깊이 들어가보자.

제3장

공자에 버금가는 성인
- 맹자 · 순자

01

맹가의 성장과정은 불우했다

맹가(孟軻)는 맹자의 이름이다. 맹씨는 원래 노나라 사람이었다. 공자가 활약했던 시대에 노나라를 장악했던 환공의 세 아들, 맹손씨·숙손씨·계손씨가 있었다. 그 가운데 맹손씨의 후손이 노나라에서 이웃한 추나라로 옮기면서 맹씨의 시조가 되었다. 맹자의 선조는 노나라 사람이지만, 맹자는 추나라 사람이었다.

맹자, 공자처럼 천하를 떠돌며 유세하다

사마천은 맹자에 대해 간단하게 소개하고 있다.

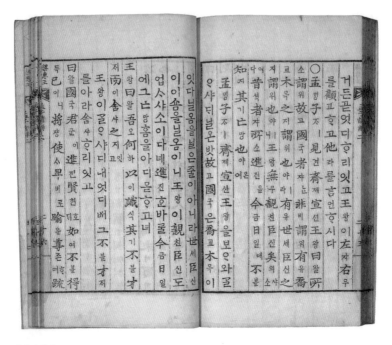

• 「맹자언해」
『맹자』를 한글(언문)로 해석한 책이다. 성리학 국가인 조선에서 맹자는 공자 다음으로 존경받는 인물이었다.

맹가는 추나라 사람으로, 자사(공자의 손자)의 제자에게서 학문을 배웠다. 도가 이미 통달하게 되어 제나라 선왕에게 유세하여 섬기고자 하였으나 선왕이 그를 등용하지 않았다. 맹가가 양나라에 갔으나 혜왕은 그가 말하는 것을 믿지 않았고, 맹가를 보고 그의 말은 현실과 거리가 멀어 당시의 사정에 맞지 않는다고 생각하였다.

천하는 바야흐로 합종과 연횡에 힘썼으며, 남을 공격하고 정벌하는 것을 현명하다고 여겼다. 그래서 맹가는 당우와 삼대(하·상·주)의 정치를 논술하였지만, 그가 가는 곳마다 그 내용과 부합되지 않았다. 물러나와 만장(맹자의 제자)의 무리들과 함께 『시경』『서경』을 순서에 따라 편집하고, 공자의 뜻을 논술하여 『맹자』7편을 썼다.

-『사기』, 「맹자순경열전」

공자의 손자인 자사의 제자에게서 배웠다고 했으니 유가의 학문을 정통으로 배운 것은 확실하다. 공자가 천하를 떠돌며 유세한 것처럼 맹자 역시 천하를 주유하며 자신의 학설을 주장하였다. 그러나 맹자의 주장은 크게 인정받지 못하였다.

02

맹모삼천지교의 주인공

공자가 어린 시절 아버지가 없어서 어려움을 겪은 것처럼, 맹자 역시 어머니와 함께 어렵게 성장한 것으로 보인다. 맹자의 어머니에 대한 일화는 동아시아에서는 가장 유명한 이야기일 것이다. 이른바 '맹모삼천지교(孟母三遷之教)'라는 제목으로 널리 퍼진 이야기이다.

맹자의 어머니는 어린 맹가를 데리고 이사를 했는데, 하필 근처에 묘지가 있었다. 매일 묘지에서는 장례 행사가 벌어지고 홀로 놀던 맹가는 장례 행사를 흉내 내면서 놀았다.

이를 발견한 어머니는 깜짝 놀라 다시 이사를 했다. 그런데 이

제3장 공자에 버금가는 성인 - 맹자 · 순자

번에는 하필 시장이 있었다. 맹가는 친구들과 시장 상인이 하는 말과 행동을 흉내내어 장사꾼이 될 소질을 보였다.

이에 맹가의 어머니는 다시 이사를 결심하고 이번에는 주변 환경을 잘 살핀 끝에 학교 근처로 이사를 갔다. 맹가는 자연스럽게 학교와 학문에 관심을 갖게 되고 학자로서 성장할 계기를 만나게 되었다는 것이다.

아들 교육에 전념한 어머니의 노력, 맹자를 대학자로 만들다

'맹모가 세 번 이사한 이야기의 교훈'이라는 뜻의 이 이야기는 전한 시대 학자 유향이 지은 『열녀전』에 등장한다고 한다. 유향은 맹자보다 약 300년 정도 후대의 인물이니 맹자의 이야기를 잘 알 수 없을 뿐 아니라, 맹모삼천지교는 이 책에만 소개되고 있으므로 이 이야기의 신빙성은 높지 않다. 다만 맹자의 성장에 어머니가 중요한 역할을 한 사례로 활용되고 있다. 더불어 '맹모단직지교(孟母斷織之敎)'라는 이야기도 전한다. 맹모가 옷감을 잘라 가르침을 준 이야기라는 뜻이다.

이 시기 가난한 여성들은 주로 옷감을 집에서 짜서 생활을 했다. 그러던 어느 날 멀리 공부하러 갔던 맹자가 중간에 집으로 돌아왔다, 그러자 옷감을 짜던 어머니가 거의 완성된 그 옷감을 잘

라서 옷감을 망쳐버렸다. 이에 맹자가 그 까닭을 물으니, 어머니는 이렇게 말했다.

"네 공부와 이 옷감 모두 중간에 그만두면 아무런 쓸모가 없다."

이에 놀란 맹자가 다시 공부에 전념했다는 이야기이다. 가난한 집에서 세 번이나 이사를 하거나, 완성되어가는 옷감을 찢는 일 모두 쉽지 않은 일이다. 그만큼 맹자의 어머니는 아들의 교육에 전념했다는 이야기로 이런 분위기에서 맹자가 훌륭한 학자가 되었다는 것이다.

홀어머니의 엄한 교육을 받고 방황하던 아들이 열심히 공부하여 훌륭한 인물이 된다는 이야기는 대개 전통 시대 흔하게 나타나는 스토리이다. 신라 시대 어머니의 훈계에 정신 차린 김유신과 그 과정에서 희생당한 김유신의 말과 천관녀 이야기, 조선 시대 명필 한석봉과 그의 엄격한 어머니 이야기가 대표적이다. 이런 이야기가 만들어지고 전승되는 이유는 유교 사회에서 아들을 훌륭한 인물로 키우는 것이 여성의 유일한 자아실현이라는 의식을 심어주려는 목적이다.

03

공자를 계승한 맹자—왕도 정치

맹자는 스스로 공자의 계승자임을 밝혔고, 자랑스럽게 생각했다. 공자는 맹자보다 150년 정도 앞선 시대의 인물이었기 때문에 맹자가 공자를 직접 만나지는 못했다. 심지어 공자의 손자인 자사에게도 직접 배우지는 못하였다. 그렇지만 맹자는 늘 공자의 제자라고 생각했는데, 이런 것을 사숙이라고 한다. 맹자가 스스로 공자의 제자라고 생각했지만, 공자의 학문을 그대로 받아들이고 되풀이한 것은 아니었다.

공자가 활약했던 시기인 춘추 시대와 달리 맹자가 활동한 시대는 전국 시대였기 때문에 시대상이 더 혼란했다. 공자는 춘추 시대를 극복하기 위한 방법으로 인을 제시하였다면 맹자는 더 혼란스러운 전국 시대를 극복하기 위해 인에 더하여 의를 주장했다. 공자가 인을 주장한 것은 어질고 지혜로운 군자가 정치를 잘하면, 그 아래 신하와 백성이 그 다스림을 잘 받아들여 좋은 세상이 온다는 것이다. 맹자가 살았던 전국 시대는 공자의 인으로는 부족한 시대였다. 합종과 연횡이 번갈아 나타나며 부국강병만이 정치의 유일한 목표였다. 이를 패도 정치라고 한다. 그래서 맹자는 패도 정치가 끝없는 싸움이 반복되는 것일 뿐이라 비판하고, 인과 의로써 정치를 해야 한다는 주장을 펼쳤다. 이를 왕도 정치라고 했다.

맹자는 사람이 착하게 태어나기 때문에 잘 가르치기만 하면 왕이 중심이 되어 인과 의로써 잘 다스릴 수 있다고 생각했다. 그 이유는 무엇일까.

사람의 본성이 착하다는 증거는 측은지심

맹자는 사람의 마음은 본성이 착하다고 주장했다. 맹자는 이 주장을 다음과 같이 표현하고 있다.

어린아이가 우물에 빠지려고 하는 것을 힐끗 보기만 해도 겁이

• 맹자

전국 시대 활약했던 유학 사상가였던 맹자는 춘추 시대 공자의 유학 사상에 '의'를 더해 혼란한 시대상을 잠재우고자 했다.

나고 측은한 마음이 생기는데, 이것은 사람들에게 칭찬을 받으려

고 하기 때문도 아니고, 그 아이가 지르는 소리 때문도 아니다.

－『맹자』,「공손추 상」

어린아이가 기어 다니다 우물에 빠지려고 할 때 누구든 자기

도 모르게 그 아이를 구해주는 것은 사람마다 측은하게 여기는

마음이 있기 때문이다. 맹자는 이 측은해하는 마음을 착한 마음

의 출발로 보았다. 그래서 이 마음을 더 살펴보면 다음과 같다.

측은해하는 마음은 인(仁)의 단서이고, 부끄러워하는 마음은 의
(義)의 단서이고, 사양하는 마음은 예(禮)의 단서이고, 시비를 가
리는 마음은 지(智)의 단서이다.

-『맹자』,「공손추 상」

측은해하는 마음(측은지심)은 착한 마음(인)의 출발점이 되고, 부
끄러워하는 마음(수오지심)은 올바름(의)의 출발점이 되고, 사양하
는 마음(사양지심)은 예절(예)의 출발점이 되고, 옳고 그름을 가리
는 마음(시비지심)은 지혜로움(지)의 출발점이 된다는 것이다. 맹자
의 이 네 가지 마음을 사단(四端)이라고 한다. 네 가지 출발점이
라는 뜻이다. 이 마음을 잘 다스리고 가르쳐서 사람마다 자기 마
음을 잘 알아서 조절하게 하는 것이 맹자 교육의 목표였다.

측은지심을 왕에게 적용하면 왕도 정치

제나라의 왕이 앉아 있는데 소를 끌고 지나가는 사람이 있어서 왕
이 물었다. "소는 어디로 가는 거냐?" 하니 그 사람이 답하기를
"소를 죽여서 그 피로 새로 만든 종에다 칠하려고 한다" 하였다.
왕은 말하기를 "그 소가 무서워하며 죄 없이 죽으러 가는 것을 아
는 것 같아 차마 못 보겠다" 하였다. 이에 그 사람이 "그러면 종에

소피를 바르는 것을 그만둘까요" 하자 왕이 말하기를, "새로 종을 만들면 소의 피를 칠해야 하니 그만둘 수는 없고, 소 말고 양의 피로 하라"고 하였다. 이에 맹자가 이 말을 듣고 "소나 양이나 다 불쌍하지 않습니까"라고 하니 왕이 답을 못 하였다. 맹자가 대신 답해주기를 "소는 직접 보았기 때문에 불쌍하게 여긴 것이고 양은 보지 않았기 때문에 불쌍하다고 여기지 않은 것입니다"라고 하였다. "소가 죽는 것을 보고 차마 죽이는 못하는 것이 측은지심입니다. 이 마음을 동물뿐 아니라 백성에게까지 확대해주면 바로 그것이 왕도 정치입니다"라고 하였다.

－『맹자』, 「양혜왕 상」

왕이 소의 울음을 보고 차마 죽이지 못한 마음이 측은지심이다. 소 대신 양으로 바꾸면 양이 죽어야 하지만, 왕이 양을 보지 않았기 때문에 양에 대한 측은지심은 생기지 않았다. 맹자는 왕이 소를 보고 불쌍해하는 마음을 가지듯이 백성에게 측은지심을 가지면 훌륭한 왕이 될 수 있다고 설득했다.

그러나 제나라 왕에게는 쉬운 일이 아니었을 것이다. 궁궐에서는 불쌍한 백성을 볼 수 없을 것이기 때문이다. 맹자는 다시 왕에게 말한다.

"왕께서는 가련한 소 한 마리에게조차 연민을 느끼시는데, 어찌하여 도탄에 빠져 죽어가는 백성에게는 불쌍한 마음을 느끼지 못합니까." 왕의 은혜가 짐승에게조차 미친다면 백성에게는 당연히 그 은혜가 미쳐야 한다는 뜻이다. 그렇지 않다면 그것은 하지 않는 것일 따름이지 하지 못하는 것이 아니다. 그러므로 맹자는 자신에게 훌륭한 왕이 되는 법을 묻기보다는 그 이미 가진 마음을 넓힐 것을 권유했다.

착한 마음은 타고 나지만 굳건하게 호연지기를 길러야 한다

사람마다 착한 마음을 타고나지만 이것은 성장하면서 끊임없이 욕망과 유혹에 물들게 된다. 사람의 마음은 쉽게 유혹에 물들기 때문이다. 그러므로 악에 물들지 않고, 게으름에 젖지 않도록 사람들이 스스로 노력해야 한다. 타고난 착한 마음씨가 더 크고 굳건해져서 단단해진 마음씨를 호연지기(浩然之氣)라고 한다. 넓고 자연스러운 활달한 기운, 호연지기를 잘 길러 굳건해지면 외부의 욕망과 유혹에 흔들리지 않고 착한 마음씨를 잘 유지할 수 있게 된다.

맹자는 스스로 호연지기를 잘 길러서 마흔 살이 넘어서는 유혹에 흔들리지 않는다고 했다. 공자가 말한 마흔 살에 유혹에 흔들리지 않는다는 것과 같다고 볼 수 있으니 맹자는 공자와 같은 정도로 마음을 닦았다고 자부한 것이다.

착하게 살게 하려면 백성에게 재산을 주어야 한다 – 항산과 정전

호연지기를 기르기 위해서는 지속적으로 수양을 하고 공부를 해야 하는데, 귀족과 지배층은 시간과 경제력이 있으니 자신이 수양을 위해 노력할 수 있지만, 먹고사는 문제에 얽매인 백성에게는 현실적인 이야기가 아니다.

그래서 맹자는 호연지기를 기르고 군자가 되기 위한 수양의 과정을 백성에게는 요구하지 않았다. 백성은 지배층이 다스리는 대로 다스려지는 존재로 보았기 때문이다. 다만 이를 위해서 정치하는 자들은 백성이 편안하게 생산에 전념할 수 있는 환경을 만들어주어야 한다.

맹자는 이것을 항산(恒産)이라고 표현하였다. 항산이란 지속적인 생산이란 뜻으로 백성이 먹고사는 문제를 걱정하지 않을 만큼 생산력을 갖추도록 해주어야 한다는 의미이다. 항산이 있어야 항심(恒心), 즉 변하지 않는 마음이 생긴다는 것이다.

백성이 나라에 변하지 않는 충성심을 갖고, 부모에 대해 변하지 않는 효심을 갖도록 하기 위해서는 항산이 있어야만 하는 것이다. 백성의 수준에서 착하게 살 수 있는 환경을 만들어주는 것이 통치자의 가장 기본적인 책무였다.

맹자는 이 문제를 해결하기 위해서 가장 이상적인 제도로 정전제를 주장하였다. 정전(井田)이란 우물 정(井) 글자 모양처럼 토지를 아홉 칸으로 나누어 가운데 칸(100무의 면적)을 공동경작하고 주위의 여덟 칸은 농민들에게 하나씩 분양하여 농사짓도록 하는 제도이다. 공동경작한 가운데 칸에서 생산한 물량은 세금으로 납부하고, 각자 농사지은 1칸(100무)에서 생산된 것은 자신의 소유가 된다.

왕도 정치를 못 하면? 왕을 몰아내야지 – 혁명을 인정하다

맹자는 인과 의로 백성을 다스려야 한다고 주장했다. 왕으로서 백성을 잘 다스리지 못하고 신하들이 충언을 해도 받아들이지 않는 폭군은 어찌해야 할까. 『사서오경』 중에서 예절에 대한 모든 기록이 담겨 있는 『예기』에는 다음과 같이 기록되어 있다. "신하 된 자로 왕에게 세 번을 간한다. 세 번을 간하여도 듣지 않으면 떠난다"고 하였다.

그러나 맹자는 왕이 왕으로서의 역할을 제대로 수행하지 못하면 왕을 교체해야 한다고 생각했다. 왕은 하늘로부터 명을 받아 백성을 다스리는 사람이다. 하늘로부터 받은 명을 천명(天命)이라 고 한다. 그런데 백성을 잘 다스리지 못하게 된다면 이는 하늘의 명을 어기는 것이다. 그러므로 천명이 바뀌어야 한다고 보았다. 천명이 바뀌는 것을 혁명이라고 하였다. 즉 왕을 바꿀 수 있다는 것이다. 유가에서는 국왕, 즉 군주에 대한 충성을 가장 중요한 덕 목으로 평가하는데 어떻게 왕에 대한 충성을 거두고 반역을 할 수 있을까. 맹자는 이에 대한 대답을 다음과 같이 하고 있다.

제나라 선왕이 물었다. "탕임금(상나라의 시조)이 걸왕(하나라의 마지 막 왕으로 폭군)을 몰아내고 무왕(주나라를 건국한 왕)이 주왕(상나라의 마지막 왕으로 폭군)을 정벌했다고 하는데, 그런 일이 있었습니까?" 맹자께서 대답하여 말씀하셨다. "기록에 있습니다." 선왕이 물었다. "신하가 자기의 임금을 시해해도 괜찮습니까?" "인을 해치는 자를 적이라 하고, 의를 해치는 자를 잔이라 합니다. 잔적한 사람은 (왕이 아니라) 평범한 남자일 뿐입니다. 한 남자인 주왕을 죽였다는 말은 들었어도 임금을 시해했다는 말은 듣지 못 했습니다."

－『맹자』, 「양혜왕」

제나라 선왕은 탕임금이나 무왕이 모두 왕이 되기 전 신하였을 때 각각 자기의 임금인 걸왕과 주왕을 죽인 것은 신하로서 반역이 아닌지를 물었다. 이에 맹자는 왕 노릇을 제대로 하지 못한 걸왕과 주왕은 왕으로 인정할 수 없기에 이들을 정벌한 것은 신하로서 왕을 시해한 것이 아니라 범죄자를 처벌한 것이라고 해석을 한 것이다.

　이러한 맹자의 태도는 후에 폭군으로 낙인찍혀 쫓겨날까 두려웠던 여러 국왕이 반감을 갖는 원인이 되었다. 송나라의 주희가 『맹자』를 사서의 하나로 높게 평가하기 전까지, 『맹자』는 때로 불태워지고 금서가 되기도 하는 시련을 겪어야 했다.

04

유가를 지키고 발전시키려는 노력
—양묵, 법가와 대립

전국 시대 제자백가 중에서 가장 큰 영향력을 발휘한 학파는 유가·묵가·법가였다. 유가·묵가·법가는 모두 춘추전국 시대라는 혼란한 시대를 배경으로 등장하여 이 시대의 혼란을 마무리하고 평화로운 세상을 만드는 것을 목표로 했다. 이를 위해 각자 부국강병을 추구한 여러 나라에 등용되어 자기 방식대로 세상을 경영하려고 했다. 이런 여러 학파 가운데서도 맹자가 활약한 시대에는 양주·묵적의 세력이 매우 강했다. 맹자는 이들 둘을 묶어서 양묵이라 부르며 대단히 비판하며 경계했다.

묵적(묵자)은 이 책에서 살펴본 바와 같이 유가에서 갈라져 나온 사상가로 볼 수 있으며, 유가와의 차별성을 강조하기 위해 유가 사상에 대한 비판을 본격적으로 제기한 인물이다. 양주는 이들과 동시대의 인물로, 극단적인 이기주의를 설파하여 큰 인기를 얻으며 당대의 스타로 등장한 사상가이다. 이들이 얼마나 큰 인기를 끌었는지, 맹자가 '천하의 논의가 양주, 아니면 묵적에게 돌아가고 있다'고 한탄할 정도였다.

> 양주와 묵적의 언론이 천하에 가득 차서, 천하의 언론은 양주의 것으로 돌아가지 않으면 묵적의 것으로 돌아간다. 양주는 자신만을 위해 사는 것이니 자기 임금을 무시하는 것과 같고, 묵적은 무차별하게 사랑하는 것이니 자기 부친을 무시하는 것과 같다. 자기 부친을 무시하고 자기 임금을 무시한다면 그것은 새나 짐승이다.
>
> —『맹자』,「등문공 하」

공자로 인해 유학이 정립되고 제자들에 의해 유가 사상이 널리 퍼지게 되었지만 시간이 지남에 따라 유가 사상이 여러 갈래로 나뉘고 여러 학파에 의해 공격을 받게 되어 주도적인 역할을 하지 못하게 되었다. 이런 상황에서 맹자는 법가·묵가 등 유가를 가장 적극적으로 비판한 학파와의 논쟁을 피하지 않았다.

양주와 묵적을 비판하다

양주는 위아설(爲我說)을 주장하였는데, 위아설은 오직 나만을 위한다는 의미로 극단적인 이기주의를 주장한다. 남을 위해서는 손톱만큼도 배려나 베풂이 없다. 자기 외에 어떤 것에도 희생과 배려가 없다. 그러다보니 나라나 임금에게도 자신을 희생하지 않는다. 그래서 양주를 무군(無君: 임금이 없는 사람)의 무리라 부른다. 유가에서 가장 강조하는 것이 효와 충임을 생각하면, 양주는 유가의 존재를 정면으로 부정하는 것이 된다. 묵가는 이 책에서 살펴본 것처럼 극단적으로 이타적이다. 더구나 남을 사랑함에 차등이 없다. 즉 자기 아버지와 남의 아버지를 동일시할 정도이다. 유가에서는 도저히 받아들일 수 없는 논리이다. 맹자는 이들과 대립을 마다하지 않으며, 양주와 묵적에 대한 비판에 힘을 쏟았다.

이들 외에도 전국 시대 7웅 간의 경쟁이 심화되면서 법가의 인기 또한 심상치 않게 상승하고 있었다. 또한 권모술수를 주장하는 종횡가(縱橫家)도 있었고, 심지어 모든 사람이 농사지어야 한다는 농가(農家) 또한 번창했다. 종횡가는 실제로 합종연횡을 이끌어낼 정도로 실제 정치에서 영향력을 발휘하였을 뿐 아니라 합종연횡의 결과 전국 시대 여러 나라 사이의 전쟁으로 이어졌다. 그렇기 때문에 평화를 설파하던 맹자의 입장에서는 이들을 논리적으로 비판하지 않으면 안 되었다.

허행을 논리로 비판하다 - 신분과 분업은 정당하다

맹자는 양주·묵적뿐 아니라 다른 제자백가와 논쟁을 피하지 않았다. 농가의 대표적인 학자 허행에 대한 비판을 살펴보자. 맹자가 진상이라는 사람을 만났는데 그는 허행의 제자였다. 당연히 그는 허행의 가르침대로 맹자에게 직접 농사를 지으라고 충고했다. 그러자 맹자는 허행이 직접 농사도 짓고 옷도 만들고 농기구도 만드는지 물어보았다. 제자는 스승이 농사를 지을 뿐 옷을 만들고 농기구를 만들지는 않는다고 실토했다.

"허자는 왜 대장장이와 수공업자의 일을 하지 않는 거요? 모든 것을 자기 집안에서 내다가 쓰는 일을 하지 않고 무엇하러 귀찮게 여러 장인과 교역을 하는 거요? 어떻게 허자는 그리도 귀찮은 것을 꺼리지 않소?"

"여러 장인이 하는 일이야 본래 농사지으면서 같이 할 수는 없는 노릇입지요."

"그렇다면 천하를 다스리는 데만은 농사지으면서 같이 할 수 있다는 거요? 지도자가 할 일이 있고 백성이 할 일이 있소. 또, 한 사람의 몸으로 모든 장인이 하는 기술을 고루 배울 수 없으니 어떤 사람은 마음을 수고롭게 하고, 어떤 사람은 몸을 수고롭게 한다고 하는 것이오. 마음을 수고롭게 하는 사람은 남을 다스리고, 몸을 수고롭게 하는 사람은 남에게 다스림을 받고, 남에게 다스림을 받는 사람은 남을 먹여주고, 남을 다스리는 사람은 남한테서 먹는 것이 온 천하에 통용되는 원칙이오."

-『맹자』,「등문공 상」

허행이 주장한 것은 모두 균등하게 농사를 지어서 살아야 한다는 것인데, 분업이 당연시되는 지금의 시각에서 보면 허행의 주장은 마땅히 말도 안 되는 것이지만 전국 시대 많은 사람이 허행의 주장에 동조하여 수천 명의 제자가 있었다고 한다. 이러한 허행의 주장에 대해 맹자는 차분하게 논리적으로 반박하며 허행의 주장이 말이 안 되는 것임을 보여주었다. 특히 맹자는 유가의 논리를 바탕으로 허행을 비판하고 있는데, 지배자는 마음을 쓰고 남이 생산한 것을 먹고, 피지배자는 몸을 쓰고 남을 먹여주는 역할을 한다는 것을 밝혀 신분 질서가 지배하는 사회임을 분명히 하면서 신분에 따른 분업을 정당화하고 있다.

05

송나라 주자가 맹자를 되살리다

공자의 인과 덕치를 바탕으로 맹자는 의(義)를 더하고, 이를 왕도 정치로 정립하였다. 왕도 정치가 전국 시대라는 혼란을 극복할 유일한 길이라고 주장하며 왕도 정치를 시행하라고 국왕에게 유세하였다. 그러나 맹자 당대에 맹자는 실제로 등용되지 못하였다. 양혜왕에게 왕도에 대해 유세하여 양혜왕의 신임을 얻기도 했다. 그러나 왕이 죽은 뒤, 양나라를 떠나야 했다. 7웅 중 하나인 제나라로 옮겨 선왕에게 왕도 정치를 전파하며 노력했으나 역시 채용되지 못했다. 그 후 작은 나라인 등나라의 문공의 초대를 받아 유세객으로 머무르며 정치에 대해 강의했다.

맹자의 관심과 전공 분야는 단연코 왕도 정치였다. 왕이 백성을 포용하는 덕의 정치를 하면 백성이 저절로 몰려들어 국가가 부국강병을 이룬다는 논리였다. 양혜왕이나 제선왕·등문공은 모두 이러한 맹자의 논리에 탄복하며 그를 존경하기는 했으나, 맹자의 방식은 언제 결과를 보여줄지 확실하지 않았다.

제후나 왕들은 하루빨리 부국강병을 이룩해야 했다. 특히 등문공은 강대국 틈바구니에서 생존을 위해 노력하던 힘없는 나라의 군주였다. 그에게 맹자의 이야기는 현실적인 도움이 되지 못했다. 공자가 그러했던 것처럼 맹자 역시 유세에 실패하고 고향으로 돌아와 저술과 제자 양성에 전념할 수밖에 없었다.

맹자, 현실 정치에 도움되지 않아 왕들로부터 버려지다

유학이 다시 주도권을 잡은 것은 한나라 무제 때이다. 이때 유가의 주요 경전은 『시경』『서경』『예경』『주역』『춘추』로 구성된 오경이 중심이었다. 백제에 있었던 오경박사는 바로 이 오경을 통달한 사람들이었다. 이후 시대가 지나면서 경전이 확대되어 12경까지 이르렀다. 『논어』『효경』과 『소학』 등이 추가되었다. 이때까지는 『맹자』는 주요 경전에 포함되지 않았다. 『맹자』가 경전에 포함된 것은 송나라 때였다.

특히 남송의 주자는 12경 중심의 유교를 재편하여 사서오경 체제로 기본적인 유교 경전을 확정했다. 『예기』의 내용 가운데 일부를 분리하여 『대학』과 『중용』으로 독립시켜 『논어』 『맹자』와 더불어 사서로 정하였고, 12경은 오경 중심으로 축소 편성했다.

내용이 조금 더 어려운 오경에 비해 사서는 유교 경전의 가장 기본적인 책으로 선정되었고, 이를 통해 『논어』뿐 아니라 『맹자』도 가장 중요한 경전으로 자리 잡게 되었다.

이에 따라 맹자에 대한 평가도 공자에 이은 유교의 두 번째 성인으로 올라가게 되었다.

06

순자는 유가? 아니면 법가?

순자는 공자나 맹자와 마찬가지로 사상가로 인정받아 붙여진 이름이다. 순자의 본명은 순황이다. 자는 경이기 때문에 순경으로 부르기도 했다. 한나라 기록에는 손경으로 기록되기도 했는데, 한나라 황제 중 이름이 유순이었던 사람이 있었기 때문이다. 황제의 이름을 함부로 쓰지 않는 예법을 지키기 위해 겹치는 글자인 순을 쓰지 못하고 비슷한 발음인 손씨로 기록한 것이다.

유가의 계승자이자 법가의 창시자

사마천은 공자를 「세가」에 기록하여 유가 학파의 왕으로 인정하였지만, 맹자와 순자는 「열전」에 기록하여 역사에 남길 만한 인물 정도로 평가하고 있다. 그 가운데 순자에 대한 기록은 대단히 짧다.

순경은 조나라 사람이다. 그의 나이 50세에 비로소 제나라에 와서 학설을 유세했다. 제나라 양왕 때에는 순경이 가장 지위가 높은 스승이었다. 제나라에서는 대부가 모자라면 보충하였는데, 순경이 세 차례나 좨주(제사장·대학총장)가 되었다. 제나라 사람 가운데 어떤 사람이 순경을 모함하자 순경은 초나라로 갔고, 춘신군이 그를 난릉 수령으로 삼았다. 춘신군이 죽자 순경도 면직되었고, 이로 인하여 그는 난릉에 거처를 정하고 살았다. 이사는 일찍이 그의 제자였으며, 그 후 이사는 진나라의 재상이 되었다. 순경은 멸망된 국가와 혼미한 군주가 서로 이어지고, 대도를 따르려고 하지 않고 무속에 미혹되고, 길흉의 징조를 믿고, 비속한 유생은 작은 일에 구애되며, 장주(장자)와 같은 무리가 변론에 능하여 풍속을 어지럽히는 당시 혼탁한 시대의 정치를 미워했다. 그래서 유가·묵가·도가가 행한 성취와 실패를 고찰하고 차례로 정리하여 수만 글자의 저작들을 남기고 죽었다.

-『사기』, 「맹자순경열전」

기록이 짧지만 순자에 대한 핵심적인 이야기가 실려 있다. 그러나 위의 글만 보고 순자에 대해 알기는 어렵다. 순자에 대한 기록 자체가 거의 없기 때문에 순자가 남긴 수만 글자의 저작인 『순자』를 통해 그를 파악해볼 수 있다. 이제 순자에 대해 좀 더 알아보기로 하자.

순자의 어린 시절은?

순자에 대한 직접적인 기록이 아무것도 없기 때문에 순자에 대해서 정확하게 알 수는 없다. 따라서 짐작만 해볼 수 있다. 사마천이 기록한 바에 따르면 순자가 활동을 시작한 시기는 쉰 살이다. 그전까지는 기록이 남아 있지 않고 여러 학자의 추측만 무성할 뿐이다. 어린 시절에는 대체로 대단히 성실하게 공부를 했을 것으로 짐작할 수 있다.

『순자』 첫 장 「권학」에서 순자는 학문을 대하는 태도를 말하고 있다. 그리고 교육의 중요성을 언급하면서 인간이 교육을 통해 만들어지는 존재임을 강조한다.

학문은 멈춰 서면 안 된다. 푸른 물감은 쪽에서 나오지만, 쪽보다 더 푸르고, 얼음은 물로 만들지만 물보다 차다. 반듯한 나무도 억지로 굽히면 둥글게 굽듯이 군자도 널리 배우고 매일 자신을 반성하면 지혜가 밝아진다. 중국 주변에 한족·월족·이족·맥족 등 이민족의 아이들은 태어날 때 모두 같은 소리를 내지만 성장하면 풍속이 달라진다. 교육의 힘이다.

－『순자』,「권학」

교육의 힘으로 인간 자체가 달라지기 때문에 어릴 때부터 교육을 멈추지 않아야 한다고 주장했다. 아마 순자 자신도 어릴 때부터 그러했을 것이다.

조나라에서 태어난 순자는 뛰어난 재능을 보여주어 제나라에 유학한 것으로 보인다. 제나라는 전국 시대 7웅 중의 한 국가로 대단한 강대국이었기 때문에 여러 문물이 발달한 국가였다. 더구나 제나라 환공의 뒤를 이은 선공은 뛰어난 인재를 받아들여 부국강병을 추구하였기 때문에 제나라 수도에는 제자백가들이 몰려들고 있었다.

제나라에서는 도성인 린쯔의 서쪽에 학교를 짓고 유명한 학자와 인재를 무료로 머무르게 해주었다. 서쪽의 문을 직문이라 했기 때문에 이 학교를 직문 아래에 있는 학교라는 의미로 '직하학궁'이라고 하였다. 이 학교에는 당대의 최고 학자인 맹자를 비롯하여 신도·전병·순우곤 등의 학자가 서로 교류하면서 학문을 연마하고 학파를 형성했다. 순자 역시 청소년기 이곳에 유학하여 여러 학자로부터 학문을 배우며 학자로서의 꿈을 키워갔을 것이다.

순자 사상의 뿌리를 찾아서

순자는 학자로서 스스로를 공자의 제자, 후계자라고 하였다. 순자가 직접 유가의 학문을 배운 스승은 당연히 공자도 아니고 맹자도 아니었다. 순자는 공자를 성인으로 우러르면서도, 공자만큼이나 '자궁'이라는 인물을 자신의 스승으로, 뛰어난 학자로 평가하였다. 아마도 이 '자궁'이라는 인물이 순자의 스승이었을 가능성이 높다. '자궁'은 누구인가? 공자의 제자인 '중궁'으로 보는 학자가 있는가 하면, 공자의 제자인 '자하'의 제자, '간비자궁'으로 보는 견해도 있다. 두 가지 경우 모두 그럴 만한 근거를 가지고 있다.

순자가 누구의 제자이든 공자의 학통을 이어받았다는 것은 분명하다. 공자의 유가는 백성을 다스리는 방법으로 자기를 닦아서 다른 사람을 다스림(이를 수기치인[修己治人]이라고 한다)을 제시하였는데, 맹자는 인과 의를 강조하여 착하게 타고난 사람들을 교육으로 더 착하게 만들어 천하를 평안하게 한다는 방법으로 발전시켰다.

　이에 비해 순자는 사람이 착하게 타고난 것이 중요한 것이 아니라 누구든 착하게 살아야만 하는 사회, 법을 지키면서 착하게 살아야만 하는 사회를 만드는 것이 중요하다고 생각했다.

07

성악설에 대한 오해와 진실

순자에 대해 가장 널리 알려진 이야기는 맹자의 성선설에 대비해서 성악설을 주장했다는 것이다. 자세한 내용을 모르는 사람들은 성악설에 인간은 나쁜 존재로 태어난다는 주장으로만 인식하고 이 성악설을 주장한 순자에 대해 좋지 않은 인상을 받게 될 것이다. 그런데 사실은 맹자의 성선설이나 순자의 성악설이나 그 목표에서는 큰 차이가 없다.

성선설이나 성악설이나 모두 교육의 필요성을 강조하기 위한 것이며, 목표는 이성적으로 완성된 사람들이 덕을 통해 통치하는 사회를 구현하고자 하는 것이다.

맹자의 성선설은 앞에서 살펴본 바와 같이 인간은 누구나 착하게 태어나는데, 그 증거가 측은지심을 가지고 있다는 것이다. 그 타고나는 바가 누구든 선하지만, 성장 과정에서 욕심이 선한 마음을 가릴 수 있으므로 교육이 필요하다고 한다.

반대로 순자는 사람은 누구나 이익을 좋아하고 손해를 싫어하기 때문에 그대로 내버려두면 그 사회는 다툼이 일어나고 질서가 어지러워질 것이라고 보았다. 그런데 인성이 비록 악하지만, 사람의 후천적 노력으로 선하게 바꿀 수 있다고 보았다. 또한 이러한 능력은 누구에게나 갖추어져 있는 것이기 때문에 이것을 모두 발휘할 수만 있다면 평범한 사람도 성인이 될 수 있다고 주장했다.

따라서 그는 인성이 형성되는 사회적 조건에 주목했고, 교육의 효과를 강조했다. 그러므로 반드시 교육을 통해 하나하나 예의와 범절을 세밀하게 가르치고 제한해야 한다고 주장했다.

악한 인성, 교육 통해 선한 방향으로 끌어내야

성선설과 성악설이 목표는 동일하지만 방법과 과정은 분명히 다름을 알 수 있다. 순자 스스로는 유가의 적통임을 주장했고, 유가 사상가임이 분명하지만 교육과 법·예치(禮治)를 중시한 그의 주장은 법가 사상가에게 큰 영향을 주었다.

가장 대표적인 법가의 사상가는 상앙·한비자·이사 등이 있다. 이들은 거의 같은 시대 활약한 인물로 모두 순자의 제자라는 공통점이 있다. 순자는 스스로 공자의 제자이자 유가 사상가라고 생각했기 때문에 이들 역시 유가의 학문을 배웠고 유학자라고 생각했으며, 실제로도 그러했다. 즉 유가를 기반으로 법가 사상을 확립한 것이다. 한비자·상앙·이사에 대해서는 법가 사상가들 편에서 다시 살펴보기로 하겠다.

08

『순자』는 어떤 책일까
―『순자』로 살펴보는 순자

『순자』는 제자들이 아닌 순자 본인의 저술로 인정되고 있다.『논어』 또는『맹자』와 같은 초기의 유교 경전은 공자나 맹자 본인이 쓰거나 말한 내용도 있지만 대개 제자들이 편집하거나 덧붙인 부분이 많아서 이를 해설하는 책들이 훨씬 더 많이 나와 있다.『순자』는 전체가 그런 것은 아니지만, 대체로 중요한 부분은 순자가 쓴 것으로 확인된다.

　『순자』가 책으로 제대로 편찬된 것은 한나라 유향이라는 인물에 의해서였다. 그는『순자』『순경』등 여러 이름으로 갈라진 300여 편의 글 가운데 중복된 290편을 빼고 32편으로 확정하여 다시 정리하였다. 이 책은『손경신서(孫卿新書)』라는 이름으로 발간되었는데, 손경은 당연히 순경, 즉 순자의 이름이었다.

유향보다 수백 년 뒤 당나라의 양량은 다시『순자』를 편집하여 20권으로 정리하였다. 공자를 존경하고 계승한다고 생각했던 순자를 위하여『논어』와 같은 체제로 편성했다.『논어』가 「학이」로 시작해서 「요왈」로 끝이 나는데,『순자』는 「권학」으로 시작하고 「요문」으로 끝난다.

하지만 내용은 당연히『논어』와는 큰 차이를 보인다. 주요한 내용은 유가의 학자로서 유가를 학문적으로 심화시킨 내용이다. 특히 탐욕스럽고 이기적인 인간을 통제하는 방법으로 예를 강조하고 있다. 즉 인간의 욕망을 제어하면서 어떻게 질서 있는 세상을 만들 것인가가 순자의 주요한 관심사였다.

또한 순자는 직하학궁을 통해서 수많은 제자백가를 접하였다. 그러므로 제자백가의 주장에 대해 잘 알고 있었다. 그리고 자신의 주장을 드러내기 위한 과정에서 여러 제자백가를 비판하게 되었는데, 이를 위해서 제자백가에 대해 자세히 공부하게 되어 오히려 제자백가를 집대성했다는 평가를 받게 되었다.

『순자』에서 순자가 주장한 것은? - 훌륭한 군주가 가장 중요하다

순자는 전국 시대의 혼란을 빨리 끝내고 싶어했다. 묵자와 마찬가지로 전국 시대가 계속되고 전쟁을 지속할수록 백성이 큰 피해를 입는다고 생각했다. 그것이 현실이었다.

순자는 강력한 왕권을 가진 군주가 올바른 생각을 가지고 통치를 잘하면 세상의 평화가 온다고 생각했다. 그러므로 우선 강력한 군주가 있어야 하고, 다음으로 이 군주를 잘 교육하여 훌륭한 왕으로 만들어야 한다고 보았다.

맹자는 훌륭한 사람이 왕이 되어야 한다고 생각했고, 만약 그 왕이 제대로 통치하지 못한다면 왕을 쫓아내야 한다고 주장했다. 이것이 혁명론인데, 혁명이란 단어 자체가 왕권의 교체를 의미하는 용어이다.

왕조를 열고 천하를 다스리는 일은 천명을 받은 자만이 할 수 있는 일이다. 그런데 그 천명은 영원하지 않고 천명을 받은 자가 제대로 정치를 하지 않으면 천명은 다른 사람에게 옮겨간다.

이때 새로 천명을 받은 사람이 나라를 새로 바꾸는 일을 혁명이라고 하였다. 맹자는 왕이 중요하지만, 왕을 통제하고 제어하는 사대부의 역할이 더 중요하다고 생각했다.

순자는 혁명보다는 노력을 통해서 훌륭한 군주를 만들어야 한

• 순자

유가 사상가이면서 법가 사상가를 양성한 춘추전국 시대의 사상가이자 정치가이다.

다고 주장하였다. 훌륭한 왕은 누구나 될 수 있는데, 그 방법은 유학자들을 통해서 백성을 다스릴 수 있는 교육을 받아야 한다는 것이다. 때로 왕도 정치에 미치지는 못하더라도 예절과 법을 받들어 백성을 잘 다스리고자 하는 왕은 독재적인 정치, 즉 패도 정치를 하더라도 좋은 왕으로 인정했다.

순자는 왕을 어느 정도는 제어하기 위해서 현명한 관료를 임명할 것, 구체적이고 현실적인 정책과 법을 설치할 것 등을 주장하고 있다. 그러나 결국은 훌륭한 국왕의 존재가 가장 중요하다고 생각했다.

『순자』에서 순자가 주장한 것은? ─ 예를 가르쳐서 절제시켜야 한다

순자는 사람은 누구나 타고난 욕망, 이기적인 성품이 있다고 보았다. 이를 성악설이라고 할 수 있는데, 악한으로 태어난다는 의미가 아니라 자신을 가장 중심에 두는 이기적인 면이 있다는 의미이다. 다만 그 사람은 욕망을 잘 제어하면 훌륭한 사람, 군자가 될 수 있다고 생각했다. 맹자와는 정반대이다.

맹자는 성선설을 믿었으므로, 그 사람이 태어나면서부터 착하게 타고난 성품을 잘 보존하고 발전시키기 위해 수련과 수양, 교육이 필요하다고 보았다. 하지만 순자는 그 사람 자체의 착함을 믿기보다는 그 사람이 착하게 살 수밖에 없는 환경을 만들어야 한다고 보았다. 그래서 교육을 강조하였는데, 성품을 착하게 만드는 것보다는 사회 규범을 잘 만들어서 누구든 이를 잘 지킴으로써 질서 있는 사회를 만들어야 한다고 생각했다.

교육을 통해서 선한 인간으로 만들 수 있다고 믿는다면, 이는 성선설을 믿는 사람일 것이다. 순자는 교육을 통해서 인간을 제어하되, 예의를 지키도록 해야 도덕적으로 완벽한 질서를 구현

할 수 있다고 생각했다. 이때 예의를 지키려는 노력을 하지 않거나 정해진 범위를 벗어나려고 한다면 엄격한 법을 통해서 제어할 수밖에 없을 것이다. 다만 법은 최소한의 도덕이라는 원칙을 넘어서 법률 만능주의로 가면 법치주의, 법가 사상으로 변화하게 된다.

한편 순자는 예를 강조하여 욕망을 절제하는 것만 강조하지는 않았다. 공자가 그토록 강조한 음악을 통한 인격의 수양에도 관심을 기울였다. 이런 점에서 순자는 공자의 제자임을 잊지 않는 모습을 보여주고 있다.

정전제(井田制), 땅은 균등하게 세금은 공정하게

정전제는 토지를 균등하게 나누어주는 제도일 뿐 아니라 농민에게 일정한 세금을 걷기 위한 제도이기도 했다. 토지를 나누어주는 이유는 두 가지다. 첫째는 세금을 걷기 위해서이고, 둘째는 각종 역에 동원하기 위해서이다. 역에는 군역도 포함된다.

근대 이전의 가장 이상적인 세금 제도는 10분의 1을 세금으로 내는 것이었다. 정전제에서 비롯된 것이다.

정전제의 원리는 9칸 중에서 가운데 1칸은 세금으로 내기 위한 칸으로 농부들이 공동경작하고, 주변의 8칸은 농부 8명이 각각 경작한다. 그러면 농부들이 내는 세금은 10분의 1이 아니라 9분의 1이 된다. 그래서 세금납부용으로 공동경작하는 칸에 각자 농부마다 농사짓는 데 필요한 집을 짓는다. 각 집의 면적은 2.5무이다. 2.5무씩 8집이면 20무가 되어 세금 칸은 100무가 아

①100무	②	③
④	ㄱ ㄴ ㄷ ㄹ 80무 ㅁ ㅂ ㅅ ㅇ	⑤
⑥	⑦	⑧

- **정전제**

그림에서 보이는 ①은 농민 1의 농지로 100무, ㄱ은 농민 1의 농막(밭 옆에 지은 집)으로 2.5무의 면적이다. 가운데 공용면적은 100무-(2.5무×8명)=80무로 8명이 함께 경작한다. 1명이 10무의 면적을 농사지어 세금으로 내는 셈이므로 자기 농지의 면적(100무)에 비해 1/10의 면적이 세금이다.

니라 80무의 면적이 된다.

　그러면 8명의 농부가 80무의 면적을 나누어 농사지어 세금으로 내게 되니 각각 10무의 면적이 세금면적이 된다. 그러므로 100무의 면적을 가진 농민이 10무의 면적을 세금으로 담당하게 되어 정확하게 10분의 1의 세금을 내게 되는 제도이다. 1칸(100무)은 부지런히 농사지으면 4인 가족이 충분히 먹고살 수 있을 만큼의 생산이 가능한 면적이다.

　정전제는 중국에서도 토지가 넓고 인구는 적은 시대에나 가능했던 제도이다. 정전제의 원리를 적용하여 백성이 넉넉하게 토지를 소유하고 생산할 수 있도록 해주는 것은 현대에도 통하는 통치의 기본이다.

법가로 가는 길목에 맹자가 있었다

맹자는 법가와 전혀 관계가 없었을까? 흔히 법가인 한비자와 이사의 스승으로 유가의 학자인 순자가 언급된다. 순자는 성악설을 주장해서 사람들을 엄격한 법률로 통제해야 한다고 생각했다. 이러한 순자의 사상이 법가의 사상에 기초가 되었다.

그런데 사실은 맹자도 비슷한 주장을 했다. 맹자는 성선설을 주장하여 사람들이 모두 법이 없어도 살 수 있다고 주장한 것처럼 보이지만, 사실은 맹자가 주장한 의(義)는 법의 개념을 포함하고 있다.

맹자가 살았던 시대는 춘추 시대 말기이자 전국 시대 초기로 전쟁이 일상화되고 대규모화된 시기였다. 맹자는 공자가 주장한 인(仁)만으로는 세상을 평화롭게 할 수 없다고 생각했기 때문에 의(義)를 주장했다. 의는 정의로움이다. 정의에는 법이 따라야 하고 법이 있어야 정의를 심판할 수 있다. 그러니 사실은 맹자가 순자의 스승이라 할 수 있는 것이다. 유가에서 법가로 가는 고속도로의 시작에는 맹자가 있었던 것이다.

●

중국은 거짓말을 해도 규모가 엄청나다는 이야기가 있다. 그 예로 거론되는 이야기 중에서 가장 대표적인 것이 붕과 곤의 이야기다. 장자가 쓴 것으로 알려진 책 『장자』에는 이런 이야기가 많다. 말도 안 되는 이야기일까? 장자는 이런 이야기를 통해서 무슨 말을 하려고 했을까? 매미는 7년 동안 애벌레로 지내다가 허물을 벗고 매미가 되어 여름 한 철 울다가 죽는다. 매미는 여름이 아닌 다른 계절을 알지 못한다. 참새는 작은 나뭇가지에만 오를 수 있어 푸른 하늘 창공을 날아가는 큰 새의 날갯짓을 알 수 없다. 장자는 바로 곤과 붕을 통해 스케일이 큰 허풍, 그리고 큰 뜻에 대해 이야기하고 있다. 중국 최고의 허풍쟁이이자 이야기꾼, 그리고 철학자인 장자는 어떤 인물인가?

●

제4장

도가의 길을 묻다
- 장자와 노자

01

붕과 곤은 어떤 이야기일까?

장자에 대해 알아보기 전에 장자가 했다는 큰 거짓말, 아니 우화
를 알아보자.

> 북쪽 바다에 물고기가 있다. 이름은 곤이다. 곤은 크기가 몇천 리
> 인지 알 수 없다. 곤이 변하면 새가 되는데 이름은 붕이다. 붕의
> 등도 몇천 리인지 알 수 없다. 붕이 남쪽 바다로 날아가면 회오리
> 바람을 타고 9만 리나 날아 올라 6개월을 날아간다.
>
> —『장자』, 「소요유」

상상 속에서 교훈을 얻다

장자의 이야기를 담은 책인 『장자』 첫 번째 이야기에 나오는 내용이다. 이렇게 큰 물고기와 새는 당연히 현실에는 없다. 그래서 이런 이야기를 우화라고 한다. 우화는 인격화한 동·식물이나 기타 사물을 주인공으로 하여 이들의 행동 속에 풍자와 교훈의 뜻을 나타내는 이야기이다. 즉 상상 속의 이야기인데 그 속에 교훈이 숨어 있다는 뜻이다. 서양에서는 『이솝 이야기』가 대표적이라면 동양에서는 『장자』가 그러하다.

그렇다면 우리는 위의 이야기에서 어떤 교훈을 얻을 수 있을까? 교훈을 이야기하기 위해서는 그 뒷이야기도 보아야 한다.

매미와 작은 새가 붕이 날아가는 것을 보고 비웃으며 말했다. "우리는 힘껏 날아 올라 느릅나무나 박달나무에 이르게 된다. 때로는 거기에 도달하지도 못하고 땅바닥에 곤두박질치기도 한다. 그런데 붕은 어쩌려고 9만 리나 날아 올라 남쪽으로 가려 하는가?"

-『장자』, 「소요유」

따로 설명하지 않아도 어떤 교훈을 얻을 것인지가 분명히 드러난다. '참새가 봉황의 뜻을 어찌 알겠는가'라는 속담과 통한다.

02

장자가 세상에 등장하다

장자에 대한 기록이 거의 없어, 우선 장자를 살펴보려면 역시 사마천의 『사기』를 보아야 한다. 사마천은 도가와 법가의 사상가를 한번에 묶어 「노자한비열전」에 기록하였다. 여기에 장자에 대한 내용이 간략하게 실려 있다. 사마천에 따르면, 장자는 몽이라는 지방 사람으로 이름은 주라고 했다. 장자가 태어난 몽 지방은 지금의 허난성 상추시 동북쪽이라고 한다. 그는 젊은 시절 자신의 고향인 몽 지방의 칠원이라는 고을에서 관리를 지냈다.

　그는 양나라 혜왕, 제나라 선왕과 같은 시대 사람이었다. 이 시기는 대략 기원전 3세기~기원전 4세기에 해당한다. 양혜왕이나 제선왕은 매우 낯익은 인물이다. 바로 맹자가 열성적으로 만나서 많은 대화를 나눈 전국 시대의 국왕들이다. 즉 장자는 맹자와 같은 시대의 인물이었다.

흠잡을 데 없는 문장력과 비유로 유가와 묵가를 비판하다

사마천은 장자를 매우 박학하여 통달하지 않은 것이 없었다고 높게 평가하고 있다. 하지만 그의 학문이 유가를 비판하는 노자의 학설을 근본으로 하고 있는 점과, 10여만 자나 되는 저서가 대체로 우화로 되어 있는 점에 대해서는 비판하였다.

장자가 지은 문장은 모두 사실이 아니라 허구이다. 그런데 그의 문장이 뛰어나고 세태와 정서에 잘 맞는 비유를 들어 유가와 묵가를 공격하였으니, 비록 당대의 대학자라 하더라도 그의 공격을 피할 길이 없었다. 하지만 그의 언사는 거센 물결과 같이 자유분방하고 자기 마음대로였으므로, 왕공대인으로부터는 훌륭한 인재로 평가받지 못하였다.

지배층이 장자를 훌륭하게 평가하지도 않았지만, 장자 또한 재상이 된다거나 출세하려 하지 않았다고 기록되어 있다. 초나라 위왕이 장주가 현인이라는 말을 듣고 사신을 보내 후한 예물로 그를 맞아들여 재상으로 삼으려고 했다. 그러나 장주는 웃으며 초나라 사신에게 이렇게 말했다.

천금이라면 막대한 돈이며 재상이라면 존귀한 지위이지만, 그대
는 제사를 지낼 때 제물로 바쳐지는 소를 보지 못하였는가? 그 소
는 몇 년 동안 사육되다 수놓은 옷이 입혀져 사당으로 끌려 들어
가는데, 그때 가서 하찮은 돼지가 되겠다고 해서 그렇게 될 수가
있겠소? 그대는 빨리 돌아가 나를 더 이상 욕되게 하지 마시오.
나는 차라리 더러운 시궁창에서 노닐며 즐거워할지언정 나라를
가진 제후들에게 구속당하지는 않을 것이오. 죽을 때까지 벼슬하
지 않아 나의 마음을 즐겁게 하고자 하오.

－『사기』, 「노자한비열전」

그러므로 장자의 삶은 당연히 가난했지만 가난을 부끄러워하
거나 숨기지 않았다. 배부른 돼지보다는 배고픈 소크라테스가
되고 싶은 자유로운 영혼이었다. 하지만 현대사회는 배고픈 소
크라테스가 자존심을 지키면서 살기 어려운 사회이다. 여러분은
어떤 선택을 할 것인가?

가난으로 자유를 얻다

춘추전국 시대 제자백가는 모두 관직을 추구했다. 부귀와 권력을 탐하는 경우도 있었고, 어지러운 시대의 사상가로서 난세를 구하고 백성을 편안하게 하고자 하는 사명감을 실현하고자 한 경우도 있었다. 제자백가의 등장 배경이 바로 여기에 있었기 때문이다.

그런데 다른 사상가와 달리 장자는 관직을 추구하지 않았다. 하지만 관직에 오르지 않고도 자신의 사상을 펼칠 수 있는 시대가 아니었다. SNS나 유튜브 스타가 되거나 베스트셀러 작가가 될 수 없었기 때문에 자신의 사상을 실현하기 위해서는 관직에 진출하여 나라를 다스리고 백성을 가르쳐야 했다.

장자가 그런 방법을 포기한 것은 아마도 그가 태어나고 살았던 나라가 어지러웠기 때문일 것이다. 혼돈의 시대는 위험하다. 출세하여 최고의 관직에 올라 세상을 다 가진 듯하다가도 어느 순간 나락으로 떨어지는 일이 도처에서 일어났다.

장자가 어느 날 조릉으로 사냥을 갔다. 새를 잡기 위해 활을 들고 기다리던 중 마침 알맞은 새 한 마리가 날아와 가지에 앉았다. 신중하게 새를 겨냥하며 다가가도 그 새는 알아채지 못하였다. 조금 더 자세히 살펴보니 그 새는 사마귀를 잡아먹기 위해 집

- **사마귀**
  주로 작은 곤충을 잡아먹고 살지만 때로 개구리 등 척추동물도 먹으며, 새의 먹이가 된다.

중하고 있었다. 그런데 그 사마귀 역시 작은 벌레를 잡아먹기 위해 집중하고 있었기 때문에 자신에게 닥친 위기를 알아차리지 못하고 있었다.

활을 들고 새를 잡으려던 장자는 이 광경을 보고 깨달은 바가 있었다. 자신의 욕망에만 집중하는 자는 더 큰 위험을 깨닫지 못한다는 것이었다. 상위 포식자가 하위 생태계 먹이 사냥을 하는 것은 자연의 이치이다. 그런데 장자는 자연의 이치에서 인간의 삶의 이치를 추출해내고 있는 것이다.

장자는 관직에 진출하지 않은 자신을 정당화하기 위해 혜시를 이용했다. 혜시는 장자보다 나이가 많은 명가의 학자로 위나라의 재상이었다. 점차 장자의 명성이 높아지자 혜시가 장자를 두려워하여 그를 제거하려 하였지만 장자는 재치와 풍자로 혜시를 상대했다. 이후 혜시는 장자가 관직에 진출할 욕심이 없다는 것을 알고 친하게 지냈다. 『장자』에는 여러 일화에서 어리석은 혜시와 지혜로운 장자라는 대립 구도가 등장한다. 이런 이야기를 살펴보는 것도 『장자』를 읽는 재미있는 요소 중 하나이다.

장자가 남긴 유일한 책, 『장자』

『장자』도 다른 제자백가 책처럼 장자 혼자 쓴 책이 아니라 여러 사람이 쓴 글이 누적된 책으로 보인다. 33편이 현존하며, 「내편」 「외편」 「잡편」으로 나뉘는데, 전통적으로 장자 자신이 이 책의 「내편」을 썼고, 그의 제자와 같은 계열의 철학자들이 「외편」과 「잡편」을 썼다고 본다. 장자 자신이 어떤 부분을 직접 저술했는지 명백한 증거는 찾기 어려우나, 「내편」의 「소요유」 「제물론」 「대종사」편이 장자의 사상을 보여주는 것으로 평가된다.

장자가 어떤 인물인지, 어떤 삶을 살았는지는 『장자』라는 책에 나타난 그의 언행을 통해 파악할 수 있다. 예를 들어 장자의 아내가 죽었을 때 장자가 보여준 태도를 보면 장자가 어떤 인물인지, 어떤 경지에 도달했는지를 일부분 짐작할 수 있다.

• 『남화경』
  『장자』를 부르는 다른 이름이다. 장자의 삶을 짐작할 수 있는 이야기가 담겨 있다.

  장자의 아내가 죽었을 때 혜시가 조문을 왔더니 장자는 자리에 앉아 물동이를 두드리며 노래를 부르고 있었다. 혜시가 묻기를 아내가 죽었는데 어찌 노래가 나오느냐고 하자, 장자는 다음과 같이 말했다고 한다.

  "내 아내가 죽었는데 나라고 어찌 가슴이 아프지 않겠는가. 그러나 가만히 생각해보면 인간으로서 내 아내는 본래 생명도 형체도 심지어 기조차 없었다. 알 수 없는 어떤 것이 점차 한데 섞여 기가 되고 형체가 되고 생명이 되어 생겨난 것이다. 이제 생명이 변하여 죽음이 되었을 뿐이다. 마치 봄·여름·가을·겨울의 순환과 같다. 아내는 편히 쉬고 있는 것이나 마찬가지이니 내가 그 옆에서

운다는 것은 생명 변화의 이치를 모르는 것이다. 그러니 나는 슬퍼하지 않는다."

─『장자』,「외편」

어떤 사람이 죽음에 대해, 생명에 대해 자연에서 온 것이라고 떠들 수는 있지만 실제로 실천할 수 있는지는 모른다. 장자는 아내의 죽음 앞에서 스스로 주장해온 바를 실제로 보여주었다.

장자 본인이 죽음을 맞이하는 순간에도 그 제자들이 장례식을 걱정하자 나는 천지가 다 내 관이니 걱정하지 말라고 하였다. 이에 제자들이 "관이 없으면 까마귀나 독수리 떼가 뜯을까봐 걱정됩니다"라고 하자, 장자는 다시 "노천에 버리는 것은 까마귀나 독수리 떼에게 뜯어먹도록 주는 것이며, 땅에 묻는 것은 개미 떼나 땅강아지가 먹도록 내어주는 것이니, 이 둘이 무엇이 다르겠느냐? 마치 이쪽에서 식량을 빼앗아 저쪽에 보내는 것이나 마찬가지가 아니냐?"라고 말했다.

이러한 태도는 장자가 죽음과 삶을 어떻게 인식했는지를 보여주는 사례이다.

03

나비 꿈을 꾸니 내가 나비인가, 나비가 나인가

장자의 우화 중에서 곤과 붕에 대한 이야기도 유명하지만 아무래도 장자를 가장 잘 보여주는, 그리고 가장 유명한 이야기는 나비 이야기일 것이다. 바로 장자의 '호접몽' 이야기이다. 호접이 나비이고 몽은 꿈이니 말 그대로 나비 꿈이다. 『장자』의 「제물편」에 있는 이야기로 내용은 다음과 같다.

어느 날 장자가 잠을 자다가 꿈을 꾸었다. 꿈속에서 나비가 되어 마냥 즐겁게 훨훨 날아다녔다. 그러다가 깨어나보니 꿈이 너무 선명해서 꿈이 현실인지 현실이 꿈인지 알 수 없었다. 문득 깨닫고 탄식하며 말하기를 '내가 나비가 된 꿈을 꾼 것인가, 아니면 지금 나비가 꿈을 꾸는 중인가?'라고 하였다.

원효와도 통하는 장자의 깨달음

아무리 꿈이 선명해도 잠에서 깬 지금의 내가 마치 나비가 꿈꾸고 있는 꿈속의 상황이라고 생각하는 것은 얼마나 큰 상상력인가. 원효대사가 해골 물을 마시고 깨달음을 얻어, 해골에 든 물이라 더럽다고 생각하는 것은 내 마음이 그렇게 시킨 것이지 실제로 그 물이 그러한 것은 아니라고 설파한 이야기가 있다. 이는 곧 마음먹기에 따라서 안 좋은 환경도 좋은 환경으로 인식할 수 있고, 기쁨과 슬픔도 내가 생각하기 나름이라는 불교의 인식을 보여준다.

원효는 어떤 대상을 인식할 때 내가 기준이 되어 사물을 나 나름대로 받아들이면 된다는 것인데, 장자는 나비를 인식하는 데 나를 기준으로 하는 것이 아니라 그 대상 자체가 나인 것 같다는 발상의 전환을 보여준다. 내가 나비의 꿈을 꾸는지, 나비가 꾸는 꿈에 내가 등장하는 것인지 모르겠다고 할 정도의 확대된 인식이다. 보통 사람이라면 할 수 없는 생각이라는 측면에서 장자는 현대사회의 기준으로는 창의력 대장인 셈이다.

04

비유와 상징, 이야기꾼 장자

붕과 곤에 대한 이야기, 그리고 호접몽의 나비 이야기에서 우리는 장자가 탁월한 이야기꾼이며, 비유와 상징의 달인임을 알 수 있다. 장자는 주장하는 바를 비유를 통해 쉽게 전달하려 하였다. 다른 이야기를 살펴보자.

앞서 언급한 혜시와의 이야기를 통해 창의적인 아이디어를 만들어내는 장자의 모습을 볼 수 있다. 어느 날 혜시가 장자에게 자랑하며 말했다.

"위왕이 내게 박씨 하나를 주었네. 그래서 그 박씨를 심었더니 다섯 석짜리 큰 박이 열렸지. 그런데 너무 약해서 물을 담을 수도 없고 바가지를 만들 수도 없으니 쓸모가 없더군."

이 말을 들은 장자는 다음과 같이 말했다.

"송나라에 빨래방을 운영하는 사람이 있었는데 겨울을 대비해서 동상을 치료하는 약을 잘 만들었지. 이 소문을 들은 한 나그네가 그 비법을 샀다네. 그 사람은 오왕에게 가서 겨울 전투를 이길 수 있는 비법이 있다고 해서 장군으로 특채되었지. 그리고 실제로 겨울에 월나라를 쳐들어가 크게 이겼고 상으로 땅을 받았지. 당연히 동상을 치료하는 약이 큰 역할을 하였지. 자, 보게. 동상을 치료하는 약을 가지고 어떤 이는 겨우 빨래방이나 하고 있지만, 어떤 이는 전쟁에 이겨 관직에 오르고 땅을 받았지. 자네는 그 큰 박으로 바가지나 만들려고 하니 쓸모가 없었지만, 나 같으면 박을 쪼개서 배를 만들어보겠네."

풍부한 예시, 새로운 관점으로 설득력을 높이다

장자는 혜시에게 새로운 관점을 제시해주고 있다. 그런데 박을 쪼개서 배를 만들어보라는 결론을 제시하기 전에 송나라 사람이 만든 동상을 치료하는 약을 어떻게 사용하는지에 대한 예를 보여주었다. 이야기의 설득력을 높이는 방법인 것이다.

장자는 이야기에서 신분의 차이를 극적으로 이용하기도 했다. 가장 천한 신분인 백정을 전문직으로 묘사하며 뛰어난 기술을 지닌 사람의 가치에 대해 이야기한 예이다.

포정(백정)이 국왕인 문혜군을 위하여 소를 잡는데, 그 과정에서 그의 몸짓과 그 소리가 아름다운 춤인 듯하고, 뛰어난 음악과도 같았다. 문혜군이 말했다. "허, 훌륭하도다. 기술이 어찌 이렇게 좋단 말인가." 포정이 칼을 놓고 대답했다. "처음 제가 소를 해체할 때에는 소만 보이더니 3년이 지난 후에는 소의 몸통이 보이지 않게 되었습니다. 지금 저는 정신으로 소를 대하고 눈으로 보지 않아 정신이 작용하는 대로 따르는데, 소의 결을 따라 살과 뼈 사이의 큰 틈새를 가르고 뼈와 힘줄을 다치지 않습니다. 솜씨 좋은 백정은 1년에 한 번 칼을 바꾸는데, 그것은 살을 가르기 때문입니다. 보통의 백정들은 매달 칼을 바꾸는데, 뼈를 다치기 때문입니다. 지금 제 칼은 19년이 되었으며 수천 마리의 소를 잡았지만 칼날은 방금 숫돌에 간 것과 같습니다. 소의 뼈와 살 틈에 칼을 넣기 때문에 여유가 있는 것입니다. 그래서 19년이 지났어도 칼날이 새로 숫돌에 갈아 놓은 것과 같습니다." 문혜군이 감탄하며 말했다.

"훌륭하도다. 나는 그대의 말을 듣고 양생의 방법을 터득했도다."

-『장자』, 「양생주」

이 이야기 역시 『장자』속 일화 가운데 매우 유명한 예이다. 여기서 유래한 사자성어도 있는데, 3년이 지난 후 소의 몸통이 보이지 않게 되었다는 말에서 '목무전우(目無全牛)'가 유래했다. '목무전우'는 눈앞에 소의 전체 모습이 없다는 의미로, 소의 겉모습을 보는 것이 아니라 소를 해체할 대상으로 보는 것을 의미한다. 포정이 소를 해체한다는 뜻의 '포정해우(庖丁解牛)'도 같은 의미로 신기에 가까운 솜씨를 비유하는 말이다.

19년 동안 소를 해체했는데 칼을 한 자루만 써, 한 번도 바꾸지 않았다는 말은 마땅히 과장된 말이겠지만 그만큼 재능과 노력을 통해 신기에 가까운 솜씨를 갖게 된 장인을 존중해야 한다는 의미를 담고 있다.

05

공자와 유가를 공격하다

『장자』의 「내편」과 「외편」을 보면 공자와 그 제자들이 자주 등장한다. 장자는 유가에서 주장하는 바를 강하게 비판했다. 그는 유가에서 주장하는 인의는 모두 가식적인 것이며 인공적인 것으로 자연을 거스르는 것이라고 보았다. 장자는 백락과 말의 관계를 통해 인위적인 것이 가식적이며 위선적임을 주장하고 있다.

백락은 말의 가치를 잘 알아보는 사람으로 유명했다. 초나라 왕이 백락에게 천리마를 구해 오라고 했는데 그가 구해 온 말은 비쩍 마르고 볼품없는 말이었다. 초왕이 화를 내자 백락은 태연히 며칠만 기다리라 했다. 실제로 그 말을 잘 보살피자 얼마 뒤

명마로 거듭났다는 것이다. 그래서 그 본성과 가치를 잘 알아보는 사람을 비유해 백락이라고 한다. 백락이 말을 알아보듯, 인재를 잘 알아보아야 한다는 의미로 활용되는 이야기이다.

유가에서는 인재를 알아보고 등용하는 것을 국왕의 중요한 덕목으로 제시하고 있다. 장자는 이를 비판하면서 다음과 같이 이야기한다.

말은 발굽으로 서리와 눈을 밟으며 돌아다닐 수 있고, 털로 바람과 한기를 막을 수 있다. 풀을 뜯어 먹고 물을 마시며, 다리를 높이 들어 언덕 위로 달려 올라간다. 이것이 말의 본성이다. 말에게는 훌륭한 집이나 커다란 궁전은 쓸모가 없다. 그런데 백락이 나타나, 내가 말을 잘 다룬다면서 털에 낙인을 찍고 깎기도 하고, 발굽을 깎고 못을 박으며 굴레를 씌우고 밧줄로 묶어 마구간에 몰아넣거나 말뚝에 매어두었다. 그래서 열 필의 말 가운데 두세 마리는 죽는다. 굶주리고 목마르게 하는 훈련도, 달리게 하고 시합도 시키며, 보폭을 맞추게 하거나 열을 지어 가도록 하니, 앞에서는 재갈과 멍에로, 뒤에서는 채찍과 회초리로 괴롭혔다. 이 때문에 말은 반 이상이 죽게 되었다.

-『장자』, 「마제」

인간의 본성 그대로 행동하고 생활하라

유가에서는 인재를 양성할 때 줄을 세우고 격식을 알게 하여 충과 효를 실천하는 사람만이 훌륭하다고 평가한다. 장자는 이런 유가의 인재상을 비판하면서 자연 그대로 인간의 본성 그대로 살아가도록 하는 것이 모든 사람이 행복하게 살 수 있는 길이라고 주장하고 있는 것이다.

장자는 공자의 가장 뛰어난 제자인 증자를 통해 공자를 비판하고 조롱하기도 하고 도둑으로 이름난 도척으로 하여금 공자를 비웃게 하기도 한다. 더구나 유가에서 성인으로 첫 번째 순서로 꼽는 인물인 요임금과 순임금도 장자에게는 사람들을 얽어매는 인위적인 질서를 만든 인물로 비판의 대상일 뿐이다.

이 밖에도 장자가 유가와 공자를 비판하는 것은 『장자』의 여러 곳에서 보이는데, 모두 인위적으로 충성을 강요하고 형식적인 예를 미화하는 유가의 주장을 비유와 역설을 통해 반박하는 내용이다. 사람도 자연의 일부이니 인간의 본성 그대로 행동하고 생활해야 한다는 것이다.

06

우리에게 『장자』는 어떤 의미일까?

『장자』에 등장하는 이야기들은 한편으로 무릎을 탁 치게 하는 반전과 역설의 이야기로 진리에 접근하게 해준다. 하지만 한편으로는 개개인이 이를 실천하는 것이 매우 어렵게 느껴지게도 한다. 마치 불가의 선문답과도 같다. 뭔가 좋은 이야기인 듯한데 막상 내가 실천하려면 어려운 이야기인 것이다.

오히려 유가의 가르침은 분명하다. 효제충신(孝悌忠信)이나 쇄소응대(灑掃應對)처럼 일상에서 실천할 수 있는 덕목이다. 동아시아의 전통 사회는 유교를 정치 이념으로 삼아 발전해왔다. 정치뿐 아니라 일상생활도 유교의 덕목을 생활화하는 과정이었다.

질서 있고 예절 바른 생활을 추구하였다.

인간의 본성을 지나치게 순화시키는 유교

그런데 『장자』를 통해 본 장자는 그러한 질서와 규율이 일상화된 생활과는 전혀 다른 방향에서 바라보는 시각을 보여준다.

인간이 자연으로부터 벗어나 인공적인 질서 – 인문(人文)을 만들기 시작하면서 인류는 독자적인 발전을 해 왔다. 자연이 아닌 인간의 질서, 인간의 세계를 질서 있고 조화롭게 만들고자 했던 것이 유교의 사상이다. 따라서 공자 이후 동아시아의 정치 질서는 유교 사상에 의거해서 유지되어왔다.

장자가 보기에 유가의 질서는 지나치게 인공적이고, 신분체제 순응적이다. 인간이 가진 본성을 교육과 예의를 통해 순화시키려는 유교의 교육 방식은 인간의 본성을 잃게 했다. 본성을 잃어버린 존재는 위기 상황을 돌파할 수 없다.

장자는 우화를 통해 인간이 다양한 위기 상황에서 적절하게 살아남기 위해서는 인간의 본성을 유지해야만 한다는 것을 이야기하고 싶었던 것인지도 모른다.

07

노자는 누구인가?

중국 역사상 수많은 제자백가의 사상가 중에서 가장 유명하면서
도 가장 신비로운 인물이 바로 노자일 것이다. 흔히 동아시아 문
화의 공통점으로 종교적인 면에서 유·불·도(유·불·선)의 3교를 꼽
는데, 유교의 공자, 불교의 석가모니, 도교의 노자가 모두 비슷한
시기에 태어난 것은 매우 흥미로운 일이다.

공자와 석가모니가 비교적 잘 알려진 데 비해서 노자는 그 이
름이라든가 생애가 모두 불확실하다. 그리하여 그에 대한 기록
마다 제각각인데 가장 오래되고 믿을 만한 기록은 『사기』의 「노
장한비열전」이다. 노자와 장자, 한비자에 대한 기록인데 노자에

대한 기록이 가장 짧다.

노자는 초나라의 고현 여향 곡인리(지금의 허난성 루이현) 사람이다. 성은 이씨이며 이름은 이, 자는 담이라고 하는데, 그는 주나라의 장서실을 관리하는 사관이었다. 공자가 주나라에 갔을 때, 노자에게 예에 관해서 묻자, 노자는 이렇게 대답하였다.
……노자는 도덕을 수련하였으며, 그의 학설은 자신을 감추어 이름이 드러나지 않도록 힘쓰는 것이었다. 노자는 주나라에서 오래 거주하다 주나라가 쇠미해지는 것을 보고는 마침내 그곳을 떠났다. 관을 지키는 관리인 윤희가 "선생께서 앞으로 은거하시려 하니 수고롭지만 저를 위해 저서를 남겨주십시오"라고 하자, 노자는 「상편」「하편」의 저서를 지어 도덕의 의미를 5,000여 자로 서술하고 떠나버리니, 그 후로 아무도 그의 최후를 알지 못하였다.

-『사기』, 「노장한비열전」

노자의 『도덕경』, 도교의 가장 기본적인 텍스트

『사기』에도 노자에 대해서는 이처럼 짧은 기록만 남아 있을 뿐이다. 노자는 성씨에 선생님이라는 의미의 자(子)가 붙은 것이니 노씨일 텐데 사마천은 성을 이씨로 기록해두었다. 노씨와 이씨는 중국어로 발음이 같기 때문에 노자의 원래 성씨는 노씨였을 것으로 추정하고 있다. 그런 의미에서 일반적으로 노자의 이름은 '노담'으로 알려져 있다.

이렇게 이름조차 제대로 알려져 있지 않기 때문에 우리는 노자에 대해 알기 위해 비공식적인 기록이나 설화에 의지할 수밖에 없다.

다만 노자가 남긴 것으로 알려진 책이 전하고 있으니 그 책이 바로 『도덕경』이다. 이 책은 도교의 가장 기본적인 경전으로 알려져 있으며, 『성경』『논어』와 더불어 가장 오래되고, 폭넓게 읽힌 베스트셀러로 현재까지도 깊은 관심의 대상이 되고 있다.

태어난 지 2,500여 년이 지난 인물인 노담이 지었다고 전해져 오는 『도덕경』은 어떤 이유로 현재까지 세계적인 관심의 대상이 되고 있을까.

08

노자를 만난 공자

사마천의 『사기』에는 제자백가 시대의 두 큰 별인 노자와 공자의 만남이 기록되어 있다. 기록을 보면, 노자를 만난 공자는 노자에 대해 다음과 같이 평가했다.

새는 잘 날고, 물고기는 잘 헤엄을 치며, 들짐승은 잘 달릴 수 있다는 것을 나는 알고 있다. 그러므로 달리는 들짐승은 그물로 잡을 수 있으며, 헤엄치는 물고기는 낚시로 낚을 수 있고, 나는 새는 화살로 잡을 수가 있다. 그러나 용은 구름과 바람을 타고 하늘로 올라가니 용에 대해서 나는 아무것도 알 수가 없구나. 오늘 내가 노자를 만나보니 그는 마치 용과 같은 사람이었다.

-『사기』,「노장한비열전」

공자를 만난 노자

용과 같은 사람이라는 말은 노자를 존중해준 말일 수도 있고, 아닐 수도 있다. 뛰어난 인물이라는 의미이기도 하지만 용은 현실의 동물이 아닌 상상 속의 동물이므로 알 수 없는 사람, 비현실적인 세상을 사는 사람이라는 의미이기도 하다.

공자가 노자를 만나 가르침을 청한 이야기는 사마천의 기록에서뿐 아니라 곳곳에서 거론될 만큼 인상적이고 상징적인 사건이었다. 공자의 유가에서는 이 일화를 거론하는 것 자체를 꺼리는 반면, 도가의 입장에서는 종종 노자와 도가가 공자와 유가에 비해 뛰어나다는 것을 인증하기 위한 방편으로 활용된다. 장자 역시 공자를 비웃으면서 이 이야기를 거론하기도 하였다.『장자』에서 본 것처럼 장자는 공자를 대놓고 비웃고 조롱했다. 물론 유가에서도 도가를 무시하기는 마찬가지였다.

노자는 왜 공자와 대립할 수밖에 없을까? 둘 다 위대한 사상가로서 서로를 존중해줄 수는 없었을까? 노자와 공자 모두 춘추전국 시대의 혼란을 극복하고 평화로운 세상을 살 수 있는 방안을 찾았다. 다만 방법과 접근 방식에서 큰 차이를 보이는 것이다.

공자는 인간 사회의 질서를 회복하여 혼란을 극복하고 평화로운 사회를 이루고자 한 반면, 노자는 인간 사이의 질서란 인위적인 것으로 누군가가 기준이 되어 질서를 정하면 다른 사람은 거기에 따라야만 하는 것이 되므로 자연스럽지 않다고 생각했다.

그래서 노자는 자연 그대로, 사람이든 동물이든 본성에 맞게 살면 그 속에서 타고난 질서를 지키게 되어 평화로운 사회가 될 것이라고 보았던 것이다.

노자가 생각한 평화로운 사회에 대해 좀 더 알아보자.

09

『도덕경』은 어떤 책일까?

『도덕경』은 노자가 지었기 때문에 『노자』라고도 하고 합쳐서 『노자도덕경』이라고도 한다. 대략 5,000자 정도의 짧은 분량이다. 200자 원고지로 빈 칸 없이 쓴다면 25장에 불과하다. 요즘 많이 쓰는 A4 용지로는 5쪽 정도밖에 안 되는 분량이다.

　이 책의 저자가 노자인지, 노자가 쓴 글에다 후대에 덧붙인 글인지, 노자가 아닌 다른 사람이 쓴 것인지는 분명치 않다. 「상편」의 내용을 「도경」이라고 하고, 「하편」의 내용을 「덕경」이라고 한다. 합쳐서 『도덕경』이다. 저자가 누구인지 알 수 없지만 도가의 핵심 내용을 담고 있는 것은 분명하므로 대단히 중요한 책임은

틀림없다. 전 세계를 통해 『성경』을 제외하면 가장 많이 번역된, 가장 많은 판본(version)을 가진 책이라는 점이 이를 증명한다. 책의 내용이 짧고 함축적이기 때문에 읽는 사람의 실력과 마음에 따라 해석이 가능하기 때문이기도 하다.

『도덕경』의 여러 해석본 중에도 가장 유명한 것은 한나라 문제(재위: 기원전 180~기원전 157) 때 하상공이 주석한 것으로 알려진 「하상공본」과, 위나라 왕필이 주석하였다는 「왕필본」의 두 가지가 있다. 특히 당대의 천재로 알려진 왕필이 해석하고 자기 생각을 덧붙인 책이 가장 널리 알려진 책이다. 대개 우리가 볼 수 있는 책은 왕필의 판본이다.

도(道)는 정해진 것이 아니다

『도덕경』의 시작은 다음과 같다.

道可道非常道, 名可名非常名

도라고 말할 수 있으면 늘상 있는 도가 아니다. 이름을 부를 수 있으면 평소의 이름이 아니다.

이 첫 문장은 『도덕경』 전체를 아우르고 있다 해도 지나친 말이 아니다. 해석은 다양하다. 위와 같이 해석하지 않아도 된다. 실제로 다르게 해석하는 경우도 많다. 이 문장의 핵심은 '도(道)이든, 이름(名)이든 모두 정해진 것이 아니'라는 의미이다. 규정하는 순간 그 규정은 힘을 잃고 마는 것이다.

조선 초 야은 길재의 시조 중에 '산천은 의구하되 인걸은 간데 없네'라는 구절이 있다. 고려의 인재는 다 없어졌는데 산천, 즉 자연은 그대로라는 것이다. 자연이 과연 그대로일까. 물론 인걸, 인간에 비하면 변화의 속도가 느릴 수 있지만, 10년 전과 후의 자연은 분명히 다르다.

자연이 아닌 인간 중심의 제도를 만들고 규칙을 만들어가는 유가와 달리 도가에서는 자연 그대로의 규칙과 법칙을 존중한다.

한나라 무제 이후 동아시아 사회에서 유교는 한 번도 주류 사상으로서의 지위를 잃지 않았다. 반면, 도교는 당연히 한 번도 주류 사상이 되어본 적이 없다. 그렇지만 민간에서 일반인들에게 종교 사상으로서 굳건하게 자리 잡았고 일상생활에 큰 영향을 주고 있다.

특히 혼란한 시기, 유교 정치가 어지러운 시기에 도교 사상은 대안으로서 역할을 했다. 유교와 도교는 그런 의미에서 상호 보완적인 사상이라고 할 수 있다.

10

아무것도 하지 말라
─무위자연(無爲自然)과 문화(文化)

노자 사상의 핵심은 자연 상태로 살아가자는 것인데, 그러기 위해서는 인간으로서 인공적인 무엇인가를 일절 하지 말 것을 주장한다. 이것을 무위(無爲)라고 한다. 위(爲)는 무엇을 한다는 의미이다. 즉 인공적인 행위이다. 유가에서는 이를 문(文)이라고 하였다. '文'은 글월 문으로 읽고, 글자라는 뜻으로 쓰인다. 문자는 인간이 만든 것 중에서 가장 대표적이고 위대한 것이다. 그래서 글자라는 의미를 넘어서 사람이 만든 인공적인 것을 총칭하는 의미를 갖게 되었다.

문화(文化)는 '文'이 된다(化)는 의미이다. 문은 자연 상태의 거칠고 인간이 살기 힘든 환경이 아니라 사람이 살기 좋은 환경을 의미한다. 집을 짓고, 옷을 입고, 불을 피워서 조리를 해먹고, 사회를 만들고 나라를 이루어 사는 것이다.

무엇보다 가장 중요한 것은 농경과 목축이다. 농경과 목축을 통해서 인간은 자연으로부터 독립하여 식량을 생산하면서 모든 것이 문화가 되었다. 이것을 신석기 혁명이라고 부르는 이유이다. 문화를 영어에서는 'culture'라고 하는데 그 어원이 'cultivate'라고 한다. 농사짓는다, 농경이라는 의미이다. 농경을 시작한 후 인간의 모든 문화가 만들어졌다는 의미에서 한자인 '文化'와 같은 의미라고 볼 수 있다.

유가에서는 문(文)을 위해 공부하고 노력해야 한다고 보는 반면, 도가에서는 문(文)이 아니라 자연(自然)을 이상적인 상태로 보았다는 점에서 유가와 도가는 정반대 상태를 목표로 하였음을 알 수 있다.

무위, 더 이상 인공적인 행위를 하지 말자

그렇지만 이미 문명화가 많이 이루어진 상태에서 무턱대고 자연으로 돌아갈 수는 없었다. 인간 사회가 점차 복잡해지면서 여러 가지 제도와 의식, 절차가 생겨났다. 춘추전국 시대의 중국에서도 사람들이 살아가는 방식이 모두 달랐다. 크기·무게·넓이·부피를 재는 단위도 달랐고, 글도 말도 다 달랐다. 화폐도 달랐다. 동네마다 마을마다 지역의 자연환경과 사람들의 숫자에 따라 자연에 동화되어 적응하며 살았다. 이렇게 지역마다 나라마다 다 달랐던 것을 노자는 '도'라고 하였고 이를 따르고 지키는 것을 '덕'이라 하였다. 그러므로 도덕은 '무위'인데, 이 무위는 '아무것도 하지 않음'이 아니다. 자연과 마찬가지로 무리해서 무엇을 하려 하지 않고, 스스로 그러한 대로 사는 삶을 의미했다. 즉 더 이상의 인공적인 행위는 하지 말자는 것이다.

『도덕경』에서는 다음과 같이 말했다.

> 학문을 하면 날로 보태는 것이고, 도를 한다는 것은 날로 덜어내는 것이다. 덜고 또 덜어서 하는 것이 없음에 이르면 하는 것이 없으면서도 하지 못하는 것이 없다.
>
> -『도덕경』, 제48장

학문을 하는 이유는 보다 인간답게 살기 위한 것이다. 동물과의 차별성을 찾고 인간으로서 삶을 살아가는 이유를 찾기 위한 것이다. 그런데 노자는 그럴수록 자연에서 멀어져 혼란만 더해진다고 생각했다. 실제로 춘추전국 시대의 그 수많은 제자백가, 백가쟁명에도 불구하고 세상은 혼란하기만 했다.

그런데 춘추전국 시대는 전쟁으로 인한 혼란에도 경제적으로 크게 발전한 시대였다. 철기의 사용과 농업의 발달, 상업의 발달로 사회가 발전하고 경제력이 성장했다. 인구도 크게 증가했다. 인구가 증가하면서 곳곳에 있던 소규모의 지배 권력은 서서히 통합되고 한 곳으로 집중되는 방향으로 세상이 변화하게 된 것이다. 이 변화의 과정이 전쟁이었고 백성의 삶은 약육강식의 세계에 노출될 수 밖에 없었다.

이러한 혼란을 어떻게 극복해야 할까. 공자와 한비자는 냉정하게 이 현실을 인정했다. 그리하여 중앙집권을 달성함으로써 전쟁을 끝내고 평화를 유지하되, 지배와 피지배의 관계, 상과 하의 질서를 유지함으로써 더 이상의 전쟁을 막고 불완전하지만 평화 시대를 열고자 한 것이다.

노자와 장자는 그러한 평화는 불안정할뿐더러 진정한 평화가 아니라고 생각했다. 진정한 평화는 춘추전국 시대 이전처럼 마을마다 지역마다 각각 거대한 자연의 일부로서 살아가는 것, 인간의 제도와 문물을 최대한 억제하고 자연에 귀속되어 살아가는 것이 가장 이상적이라고 생각했던 것이다.

그렇다면 공자는 매우 현실적이고 노자는 비현실적인 사람이 된다. 그런데 공자가 제안한 방식, 즉 세상의 질서를 지키게 하는 방식은 일방적으로 지배층의 편에서 움직이는 것이 된다. 세상의 질서를 만들고 운영하는 것이 지배층이기 때문이다. 따라서 유가에서는 성군(聖君)이 나라를 다스려야 한다고 보았고, 성군이 통치하는 것을 전제로 모든 제도와 질서를 만들고 운영했다.

그러나 실제로 이렇게 이상적인 상태는 유지되기 힘들었다. 특히 중국은 광활한 영토와 수많은 농민을 지배하기 위해 가혹한 통치가 주로 이루어졌다. 중국 역대 왕조마다 약 200년 정도밖에 유지되지 않은 점, 각 왕조의 말기에는 꼭 농민반란이 일어나고 이를 통해 왕조가 교체되었음을 통해 알 수 있다.

혼란의 시기에는 유교 사상은 지배층의 논리를 정당화시키는 것 외에 현실적인 해결책을 제시하지 못했고, 비현실적으로 보이는 도가의 사상이 백성에게는 위안이 되었다. 중국은 혼란의 시기가 더 길었고, 일반 백성 사이에서는 도가 사상이 널리 퍼지게 되었던 것이다.

11

도교의 발전과 갈래들

춘추전국 시대를 통일한 것은 법가 사상을 채용한 진나라였지만, 중국을 사상적으로 통일한 것은 한나라 무제 때 국정교학으로 채택된 유교 사상이었다. 지배 사상은 유교였지만 일반 백성들 사이에서는 다양한 민간신앙이 전승되고 있었다.

후한 말기 정치가 혼란해지면서 사회도 어지러워졌다. 어지러운 사회는 다양한 종교의 부흥을 부른다. 이 시기 불교가 전래되면서 위진남북조까지 불교가 크게 발전하였다. 사원과 승려가 증가하고 불교인구도 크게 증가하였다. 이때 불교의 발전은, 더불어 도교의 발전도 불러왔다. 불교의 형식적인 면을 보면서 도가 사상도 도교라는 종교로서의 형식과 이론을 갖추어가게 된 것이다. 이때 활약한 인물로는 구겸지를 들 수 있는데, 이후로 도교는 위진남북조 시대를 대표하는 종교로 발전하게 되었다.

이후 수·당으로부터 청나라까지 중국은 유가 사상, 유교를 국가의 가장 중심적인 정치 사상으로 삼아 나라를 운영했다. 그런데 지배를 받는 국민들은 유교보다는 도교에 크게 의지하였다.

지배층이 좋아하고 지배층에 알맞은 종교이자 사상이었던 유교에 비해 도교는 지배층이나 국가기관에서는 크게 관심을 갖지 않았다. 집 근처 곳곳에 있는 도가의 사당에 가서 기도하고 빌면 되었기 때문이다.

혼란한 세상은 등지고 맑은 이야기를 나누다

왕조의 잦은 교체와 전쟁, 혼란으로 인해 정치로부터 멀어져야 했던 귀족들은 현실에서 도피하는 방법 가운데 하나로 도교에 빠져들었다. 속세로부터 멀어져 청빈함을 추구한 사상을 청담 사상이라고 한다. '청담(淸談)'이란 맑은(淸) 이야기(談)라는 뜻으로, 세상의 권력과 부귀와 상관없이 맑은 이야기를 나눈다는 의미이다. 맑은 이야기란 재산이나 출세와 같은 인간의 욕심과 상관없는 인간 본연의 착한 마음씨와 관련된 이야기이다. 무위

- **죽림칠현**
  난세를 피해 대나무 숲에서 사는 일곱 명의 현자. 도교의 이념을 발전시켰다.

자연과 같은 것이다. 도가의 무위자연을 기본 사상으로 하기 때문에 대표적인 도교 사상의 하나로 꼽힌다. 청담 사상을 대표하는 이들이 '죽림칠현'이다. 말 그대로 '대나무 숲에 사는 일곱 명의 현인'이라는 의미이다.

이들의 이름은 완적·혜강·산도·향수·유영·완함·왕융인데 집권 세력의 부패로 인해 혼란해진 국가로부터 벗어나려 했다. 그리하여 개인주의적이고 무정부주의적인 노장 사상을 신봉하였다. 그러므로 국가에 대한 충성이나 유교적 상하 질서에 얽매이지 않고 '무위자연'을 삶의 목표로 삼아 실제로 숲속에서 생활하며, 개인적인 즐거움을 추구했다. 가족을 책임지지 않아도 되는 정도의 부와 지식을 누리고 있었기 때문에 죽림에 묻혀 생활할 수 있었고, 다른 사람들의 부러움의 대상이 되면서 당대에 명성을 떨쳤다. 이들은 정부 정책이나 국가 운영에 큰 영향을 미치지는 못했지만, 국가 권력이 폭력적일 때, 개인이 할 수 있는 소극적인 저항을 보여주었고, 이 과정에서 도교의 이념을 발전시켜 도교가 민간에 자리 잡는 데 큰 영향을 미쳤다.

백성을 위로하고 영생을 꿈꾸는 종교가 되다

도가 사상이 발달한 또 하나의 갈래는 신선 사상이다. 도가에서 도교로 발전한 이후 종교 집단으로서 이들의 목표도 불교의 영향을 받게 되었다. 불교에서 해탈을 목표로 삼는 것처럼 도교에서도 종교적인 목표를 설정하게 되었는데, 이것이 신선이 되는 것이었다.

신선이 되려 한 인물로 가장 유명한 사람은 불로불사의 약을 구하려 한 진 시황일 것이다. 물론 이후에도 수많은 사람이 신선이 되고자 했으나 당연히 성공하지 못했는데, 그 방법은 제각각이었다. 성공하지 못했다고 의미가 없는 것은 아니다. 서양에서도 연금술을 연구했지만 단 한 명도 금을 실제로 만들지 못했다. 하지만 그 과정에서 화학 지식이 축적되어 이후 서양의 과학혁명에 기여한 것과 마찬가지이다.

남북조 시대에 나타난 갈홍은 호를 포박자라고 하면서 자신의 이름을 딴 『포박자』를 지어 신선이 되기 위한 여러 가지 방법을 체계화하였다.

이후로 도교와 신선 사상에 완전히 결합하여 도교의 목표는 신선이 되는 것이 되었고, 이를 위한 수련의 과정에 있는 사람, 즉 도교의 성직자를 도사(道士)라고 부르게 되었다. 물론 한 명도 성공하지는 못했다.

신선이 되기 위해서는 육식을 금지하고 뿐만 아니라 화식(火食), 즉 음식을 불에 익혀 먹는 것도 금지되었다. 그래서 생식만 가능했는데, 사실 불에 익혀 먹더라도 사람이 먹을 수 있고 소화시킬 수 있는 음식의 종류는 그렇게 많지 않다. 그런데 그나마 생식을 하라니 웬만한 노력이 아니었으면 힘들었을 것이다. 대개 이들이 즐겨 먹은 음식은 쌀가루와 솔잎이다. 솔잎을 말려 갈아서 가루로 만들어 쌀가루와 함께 식사를 해결했다.

그러다보니 많은 사람이 영양실조와 굶주림으로 죽거나, 신선이 되는 것을 포기할 수밖에 없었다. 대신 육체를 단련하기 위해 무술과 호흡법을 개발하여 장수를 누린 도사들도 나타났다.

지금도 도가의 수련법을 활용한 건강수련 단체들이 상당히 많이 활동하고 있다.

도가에 신선 사상·민간신앙 결합해 도교 생겨나

흔히 도가 사상과 도교를 동일시하거나 구분 없이 사용하는 경우가 많다. 과연 도가와 도교는 같은 계통일까. 도가 사상은 흔히 노자와 장자의 사상으로 이루어진다고 한다. 물론 갈홍, 포박자 등 좀 더 다양한 사상가를 포함할 수 있다.

노자와 장자는 도가 사상을 통해 죽은 뒤의 세계나 현세가 아닌 다른 세계에 대한 관심을 표현하지는 않았다. 인간세계에 인위적인 질서를 부여하려는 유가 사상에 반대하며 자연의 일부로서 자연스럽게 살아가는 사람이 되고자 하였을 뿐이다. 그것이 무위자연으로 표현된 것이다.

반면 종교로서의 성격이 커져서 도교가 된 이후에는 신선이 되고자 하는 신선 사상이나 불로장생을 추구하는 종교 색채가 강해졌다. 즉 도가 사상이 도교로 바뀌었다기보다는 자연을 강조하는 도가 사상과 신선 사상, 민간신앙이 결합하여 새로운 종교인 도교가 등장한 것이라고 보아야 할 것이다.

우리나라에서는 주작·현무·청룡·백호가 등장하는 「사신도」, 솔잎을 먹으며 산속에서 수련하는 도사, 불교 사찰에 있는 칠성각 등이 도교의 흔적으로 남아 있다.

도교가 우리나라에 준 영향

우리나라에는 도교 사원을 찾아보기 힘든데, 도교가 우리나라에 는 어떤 영향을 주었을까?

도교가 우리나라에 들어온 것은 삼국 시대다. 특히 고구려와 백제에서 유행했다. 고구려와 백제는 귀족들이 불교가 아닌 도

• 「강서대묘 사신도」 중 청룡

　강서대묘 사신도에는 주작·현무·백호가 더 있다. 도가 사상의 영향을 보여준다.

- **백제「산수무늬벽돌」**
  백제 지역에서 발견된 벽돌로 산과 물 등 자연이 그려져 있다. 자연은 도가에서 가장 좋아하는 소재
  이다.

교에 심취했는데, 고구려 무덤에 많이 남아 있는 「사신도」, 백제 대표적인 유물인 「산수무늬벽돌」이 도교의 흔적을 보여준다. 도교는 불교와 달리 불상이나 탑을 만들지 않기 때문에 현재 남아 있는 유물이나 유적이 거의 없다. 그래서 도교의 영향을 잘 파악하기 어렵다. 불교가 워낙 강력한 영향력을 발휘하였기 때문에 불교에 포함되면서 자취를 찾기 어려워진 것으로 보인다.

대부분의 사찰에 남아 있는 산신각과 칠성각은 도교의 영향으로 남아 있는 것이다. 용어상으로는 도사(道士), 도장(道場) 등의 용어가 도교에서 유래한 것으로 현재까지 남아 있다.

혼란과 전쟁의 시대를 종식시키고 550여 년 만에 중국을 통일한 진나라의 시황제. 정통성이 없는 왕위 계승자였던 그가 불리함을 극복하고 왕위 계승뿐 아니라 전국 시대를 통일하는 위업을 달성한 데에는 법가 사상을 채용한 것이 절대적이었다. 당시 법가 사상의 최고 권위자였던 이사와 한비자를 채용하여 부국강병을 성공적으로 이끈 것이다. 이사와 한비자가 성공할 수 있었던 데는 이들의 선배이자 스승이었던 상앙과 신불해 등의 활약이 있었다. 시황제 당시 실시한 도량형·문자·화폐의 통일, 도로망 정비, 만리장성, 운하등은 중국의 성장과 발전에 반드시 필요한 일이었다. 이 시기 가장 중요한 요소였던 법가·법가 사상가를 통해 이들이 추구한 바를 살펴보자.

제5장

한비자와 법가의 사상가들

01

한비자(韓非子)는 성이 한비인가?

춘추전국 시대 사상가 중에는 '한비자(韓非子)'라는 사람이 있다. 그것도 매우 유명한 사람이다. 법가 사상가 중에서 으뜸가는 인물이다. 다른 사상가를 부르는 존칭처럼 성씨에 '자'를 붙인 것이라면, 한비자는 성씨가 '한비'일까? 궁금해진다.

정답부터 밝히자면 한비자의 이름은 한비이다. 즉 한비라는 이름에 '자'를 붙인 것이다. 왜 '한자(韓子)'가 아닐까. 처음에는 한자로 불렸을 것이다. 그러다가 나중에 또 한 명의 한씨가 유명해졌다. 그가 바로 당나라 최고의 학자로 꼽히는 '한유'라는 사람이다. 당나라 시대 한유가 너무나 유명하고 학문적으로 뛰어나

서 '한자'로 불리게 되었다. 그런데 이미 '한자'는 한비가 차지하고 있던 이름이었다. 하지만 한비는 이미 오래전에 죽었고, 그의 학문적 업적인 법가 사상도 쇠퇴했다. 이런 상황에서 한유가 '한자'라는 명예로운 이름을 차지하게 되었고, 이와 구분하기 위해 한비는 '한비자'가 된 것이다. 그나마 이름 뒤에 '자'를 붙여 존중의 표현이 되었으니 다행이라 할 수 있겠다. 그런데 지금은 한비자가 훨씬 유명한 사람이 되었으니 한비자가 이를 알게 된다면 기분 좋게 생각할 듯하다.

한비자의 법가 사상, 황로 사상에서 출발한 것

한비라는 이름은 중국 전국 시대 여러 나라 중 하나인 '한(韓)' 과 관련이 있다. 춘추전국 시대를 통일한 '진'이 멸망하고 곧이어 등장한 '한(漢)'과는 당연히 다른 나라이다. 통일 왕국인 한이 더 유명하지만, 전국 시대의 '한'도 상당히 유명한 강대국으로 전국 7웅의 한자리를 차지할 만한 나라였다.

한비자는 바로 그 한나라의 왕족으로 알려져 있다. 그런데 사실 명성에 비해 한비자에 대해 알려진 사실은 별로 없다. 역시 사마천의 『사기』에 실린 「노자한비열전」에 의지할 수밖에 없다. 사실 가장 권위 있는 책인데도 『사기』의 기록은 완전히 믿기는 어려운 부분도 많기 때문에 요모조모 신중하게 살펴보아야 한다.

「노자한비열전」은 도가와 법가 사상가에 대한 열전으로 도가의 노자와 장자, 법가의 신불해와 한비자를 다루고 있다. 그중에서 한비자에 대한 항목이 가장 큰 비중을 차지하고 있다.

한비는 한나라 공자로서 형명과 법술의 학설을 좋아하였으나, 그의 학설의 근본은 황로 사상에 있었다. 한비는 선천적으로 말더듬이여서 변론에는 서툴렀으나 저술에는 뛰어났다. 이사와 더불어 순경(순자)에게서 배웠는데, 이사는 자기 스스로 한비보다 못하다고 인정하였다. ……한비는 청렴하고 강직한 사람들이 사악한 신하에 의해서 배척당하는 것을 슬퍼하며, 예전 정치의 성패와 득실의 변천을 관찰하여 「고분」 「오두」 「내외저」 「세림」 「세난」 편 등 10여만 자의 글을 저술하였다.

-『사기』, 「노자한비열전」

사마천의 기록에 따르면 한비자는 한나라의 왕자 출신이었다. 우리는 그가 법가 사상가임을 알고 있는데, 사마천은 한비자가 황로 사상, 즉 도교 사상에서 출발했다고 했다. 한비가 도교에서 출발해 법가 사상가가 된 것인지, 아니면 사마천의 기록이 잘못된 것인지는 알 수가 없다. 그리고 한비자는 순경, 즉 순자에게서 배웠는데, 같이 배운 인물로 이사가 있다. 이사는 한비자의 친구이자 라이벌이 된다.

제5장 한비자와 법가의 사상가들

02

한비자의 스승과 라이벌들

사마천에 따르면 한비자의 학문적 바탕은 '황로 사상'이라고 한다. 황로 사상은 도교 사상의 한 종류로 신선이 되는 것을 목표로 하는 사상이다. 법가인 한비자가 황로 사상에서 출발했다니 조금 믿기 어려운 내용이다. 하지만 사마천이 아무런 근거 없이 글을 썼을 리 없다고 믿을 뿐이다.

그리고 사마천은 『사기』에 한비자가 친구인 이사라는 사람과 함께 순자의 제자가 되었다고 기록하고 있다. 이 밖에 순자에게서 무엇을 배웠는지, 얼마나 오래 배웠는지는 『사기』에도 적혀있지 않아 알 수 없다. 다만 순자의 사상이 법가에게 영향을 미친 것으로 추정할 수 있을 뿐이다.

순자 외에 한비자에게 영향을 주었던 사상가로는 법가를 정립한 인물들이 있다. 바로 상앙과 신불해이다. 한비자에 비해 앞선 시대를 살았던 이들은 춘추전국 시대 어지러운 사회를 바로잡기 위한 방편으로 법가 사상을 선택하고 이를 정립한 인물이다.

한비자의 선배는 신불해와 상앙

한비자가 법가 사상가로 우뚝 설 수 있었던 배경에는 스승인 순자의 영향도 있지만, 법가 사상가들로 한비자의 선배라고 할 수 있는 신불해와 상앙의 영향도 컸다. 신불해는 노자·장자·한비자와 함께 『사기』에 실려 있다.

신불해는 경읍 사람으로 본래 정나라의 하급 관리였다. 그 후에 법가의 학술을 배워 한나라의 소후에게 관직을 구하니 소후는 그를 등용하여 재상으로 삼았다. 그는 15년간 안으로는 정치와 교육을 정비하고, 밖으로는 제후들에 응대하니, 그가 살아 있는 동안에는 나라가 잘 다스려지고 병력이 튼튼하여 감히 한나라를 침략하는 자가 없었다. 신자(申子)라고 불리는 신불해의 학설은 황로의 학설을 근본으로 하나, 형벌과 명분을 주장하였다. 그의 저서에는 두 편이 있는데 그것을 『신자』라고 이름붙였다.

-『사기』, 「노자한비열전」

이 기록이 그에 대한 기록의 전부이다. 『신자』라는 책은 지금 전하지 않기 때문에 신불해의 사상을 정확하게 알 수는 없다. 다만 그가 법가의 저명한 사상가로서 후대 법가 사상가들에게 큰 영향을 주었다는 것을 알 수 있다.

상앙에 대해서는 좀 더 풍부한 기록을 통해 만나볼 수 있다. 그가 남긴 『상군서』라는 책이 남아 있기 때문이다. 또한 신불해에 비해 많은 활동을 했기 때문에 중국 역사 기록에 많이 등장하고 있다. 상앙에 대해서는 좀 더 자세히 알아보자.

한비자를 완성시킨 인물, 상앙

상앙은 원래 이름이 공손앙이다. 공손씨 가문의 아들 앙이라는 의미이다. 기원전 390년에 태어났다고 전하고 있어 한비자에 비해서는 약 110년 정도 먼저 태어난 인물이다. 전국 시대 말기, 진시황이 통일하기 직전에 활약했던 한비자에 비해서는 전국 시대가 한참 진행되던 중에 태어나 진나라 효공 때 활약했다. 위나라 사람으로 위나라 혜왕에게 발탁되기를 바랐지만 위나라에서 그를 채용하지 않자 진나라 효공을 찾아갔다.

전국 시대 진나라는 나중에 시황제가 통일하기 전, 즉 공손앙이 활약하기 전에는 약소국이었다. 그래서 제후로 즉위한 효공이 부국강병을 위해 인재를 초빙할 때 공손앙이 발탁되어 정치를 바꾸고 강대국으로 발전시켰다. 나중에 상(商)이라는 지역을 봉토로 받아 제후가 되었기 때문에 상지방의 앙이라는 의미로 상앙이라 불리게 되었다.

상앙이 진나라에 채용된 이후 그는 변법을 시행했다. 여기서 변법은 개혁이란 뜻이다. 사마천은 상앙과 그가 시행한 변법에 대해 아주 자세히 기록하고 있다. 『사기』를 살펴보면 다음과 같이 기록되어 있다.

열 집을 십으로, 다섯 집을 오로 짜서 서로 감시하고 적발하여 연대책임을 물었다. 고발하지 않는 사람은 허리를 자르는 형벌에 처하였고, 나쁜 짓을 한 자를 고발하는 사람은 적의 머리를 벤 자와 같은 상을 주고, 나쁜 짓을 한 자는 적에게 항복한 사람과 같은 벌을 받았다. 백성 가운데 군에서 공을 세운 자는 벼슬을 받고 개인적인 싸움을 벌인 자는 벌을 받았다. 농업과 상공업에서 성과를 보인 자는 부역과 세금을 감면해주었다. 게으르고 가난한 자는 전부 잡아다 관청의 노비로 삼았다. 군주의 친척이라도 전쟁에 나가 공이 있는 자에게만 작위를 주고 대우를 해주었다.

-『사기』, 「상군열전」

상앙의 이러한 개혁안은 당연히 많은 사람의 반발을 불러왔고, 백성도 이를 믿지 않았다. 이에 상앙은 기발한 방법을 제시하였다. 긴 장대를 수도의 남문에 세우고 '이것을 북문으로 옮겨놓을 수 있는 자에게 황금 10냥을 준다'고 하였다. 백성이 이말을 믿지 못하자 다시 상금을 황금 50냥으로 올렸다. 어떤 한 사람이 호기심으로 이것을 옮기자 즉시 황금 50냥을 주었다. 이후로 사람들은 상앙의 말은 모두 믿게 되었다고 한다.

파격적인 개혁을 실시하면서 백성에게 신뢰감을 주기 위한 혁신적인 방법이었다. 태자가 법을 위반하였을 때는 태자를 직접 처벌할 수 없게 되자 태자의 스승을 처형하였다. 그 후로는 상앙의 법에 누구든 잘 따르게 되었다는 것이다. 사마천은 이어서 다음과 같이 기록하고 있다.

법령이 시행된 지 10년이 되자, 진나라의 백성은 매우 만족해했고, 길에 떨어진 물건을 줍지 않았고, 산에 도적이 없었으며, 집집

마다 풍족하고, 사람들마다 넉넉했다. 백성은 국가를 위한 전쟁에는 용감하였고, 개인적인 싸움에는 겁을 먹었다. 그래서 도시나 시골이나 잘 다스려졌다. 예전에 법령의 부당함을 말했던 진나라의 백성 중에 지금에 와서는 법령의 장점을 말하는 자가 있었다. 위앙(상앙)이 말하기를 "이런 자들은 모두가 교화를 어지럽히는 백성이다"라고 하며, 그들을 전부 변방 지역으로 옮겼다. 그 후로 백성들은 감히 새로운 법에 대해서 논의하지 못하였다.

-『사기』, 「상군열전」

이러한 개혁을 바탕으로 부국강병을 이룩한 상앙은 위나라를 공격하여 크게 격파했다. 상앙이 위나라군을 격파하고 돌아오자, 진나라에서는 앙에게 오와 상 등의 15개 지역을 내려주고 제후로 봉하여 상군(商君)이라고 불렀다. 이로써 공손앙이 상앙이 된 것이다. 제후가 되자 상앙은 왕으로 행세하며 권력을 누렸다.

상앙이 진나라의 재상이 된 지 10년이 되자, 군주의 일족이나 외척 중에서 상앙을 원망하는 자가 많아졌다. 개혁의 과정에서 원한을 품은 자들이 늘어나는 데 비해 상앙의 행동은 겸손하지 않고 오히려 오만해졌던 것이다.

"진 효공이 하루아침에 세상을 떠나시어 조정에 서지 못하시게 되면, 진나라에서 당신을 잡아 체포하려는 자들이 어찌 적다고 하겠습니까? 당신의 파멸은 순식간의 일이 될 것입니다."

－『사기』, 「상군열전」

이렇게 상앙에게 충고하는 사람도 있었지만 이를 귀담아듣지 않았다. 그런데 이로부터 다섯 달 후, 진 효공이 죽고 태자가 왕위를 이었다. 그러자 기다렸다는 듯이 상앙이 모반하려 한다고 밀고가 이어졌다.

• 『상군서』
　상군(商君)이 지은 책이라는 의미로, 상군은 상(商) 지방의 왕으로 봉해진 상앙이다.

상앙은 도망가다가 국경에 이르러 숙소에 묵으려했다. 주인은 이 사람이 상앙이라는 것을 알지 못하고 말하기를 "상앙이 만든 법에 여권이 없는 분을 머물게 하면 연좌되어 벌을 받게 됩니다" 라고 했다. 상앙은 한숨을 쉬며 말하기를 "아! 법을 만든 폐해가 이곳까지 이르렀구나"라고 했다.

상앙은 도망치다가 잡혔는데, 효공의 뒤를 이은 혜왕은 상앙을 팔과 다리를 수레에 매고 끌어 찢어 죽이는 거열형에 처하였고, 그의 일족을 멸하였다.

비록 비참하게 생을 마감했지만 상앙의 법은 그가 지은 책으로 알려진 『상군서』에 실려 후대로 전해졌다. 뿐만 아니라 진나라는 상앙의 개혁을 발판으로 약소국에서 강대국으로 발전하였으며, 이후 시황제의 통일까지 이어졌던 것이다.

03

진 시황이 만나고 싶어한 인물 한비자

상앙도 처음에는 잘 알려지지 않아 자기 나라에서 발탁되지 못하고 진나라로 가서 능력을 발휘한 것처럼 한비자 역시 자기 나라인 한(韓)나라에서 제대로 뜻을 펴지 못했다.

유가의 사상가인 공자나 맹자는 여러 나라를 돌아다니면서 자신의 뜻을 주장하되 적극적이지 않았지만 법가의 사상가들은 자신의 능력을 내보이는 데 적극적이었다.

상앙과 마찬가지로 한비자도 지배층의 일원으로 태어났다. 그는 한나라 왕의 서자로 태어났다. 왕자라 하더라도 서자는 자신의 능력을 발휘하기 힘들었다. 오히려 능력이 뛰어날수록 시기

- **진 시황의 조각상**
  진 시황은 한비자의 책을 읽고 그를 만나고 싶어하였다.

와 질투의 대상이 되고 주목받는 순간 미래를 보장받기 힘든 경
우가 많았다. 한비자는 자신의 능력을 발휘하고자 했으나, 한나
라의 왕에게 선택받지 못하였다.

한비자, 부국강병을 위한 대책을 건의하다

한나라는 전국 7웅에 속한 나라지만 그 중에는 가장 국력이
약한 나라였다. 반면에 국경을 접한 진은 상앙의 변법 이래 크
게 성장하고 있었다. 한의 왕자로서 한비자는 조국의 부국강병
을 위해 여러 방안을 연구했고, 그중에서 상앙과 신불해에게서

법가의 사상을 배우게 되었다. 또한 순자에게서 부국강병을 위한 학문의 기초를 닦았을 것이다. 한비자는 자신이 정립한 이론에 따라 한나라를 강대국으로 만들 수 있는 방법을 왕에게 제안했다. 한나라를 위한 한비자의 노력을 사마천은 다음과 같이 기록하고 있다.

한비는 한나라가 날로 쇠미해짐을 보고 여러 차례 왕에게 간언하였으나 왕은 그의 의견을 채택하지 않았다. 한비는 왕이 나라를 다스림에 법제를 정비하고 권세를 장악하여 신하를 통제하며 부국강병하게 하고 어진 인재를 등용하는 데에 힘쓰지 않고, 도리어 실속 없는 소인배들을 등용하여 공을 크게 인정받는 윗자리에 앉히는 것을 통탄하였다. 한비는 청렴하고 강직한 사람이 사악한 신하에게 배척당하는 것을 슬퍼하며, 예전 정치의 성패와 득실의 변천을 관찰하여 「고분」 「오두」 「내외저」 「세림」 「세난」편 등 10여만 자의 글을 저술했다.

−『사기』, 「노자한비열전」

한비자는 말더듬이였다고 한다. 그만큼 언어로 국왕을 설득하는 데 어려움을 겪었을 것이다. 그래서 그는 말 대신 글로 자신을 표현하고자 했다. 그가 저작으로 남긴 10여만 자의 글은 제자백가 중에서도 가장 많은 분량이다.

한나라를 위한 한비자의 저작은 한나라의 왕이 아니라 적국인 진나라 왕의 눈에 띄게 되었다. 진나라의 왕이 바로 전국 시대를 통일하고 시황제가 되는 영정이었다. 사마천은 한비자와 진왕과의 만남, 그리고 한비자의 죽음을 다음과 같이 기록하고 있다.

어떤 사람이 한비의 저서를 진나라에 가지고 갔다. 진 왕(시황제)이 「고분」 「오두」 두 편의 문장을 보더니 "아! 과인이 이 사람을 만나 그와 사귈 수 있다면 죽어도 여한이 없을 것이다"라고 했다. 이사가 "이것은 한비가 저술한 책입니다"라고 말하자, 진나라는 급히 한나라를 공격했다. 한나라 왕은 처음에 한비를 등용하지 않았으나 상황이 급해지자 한비를 진나라에 사신으로 파견하였다. 진 왕은 한비를 좋아하였으나 아직은 그를 신용하지 않았다. 이사와 요고는 한비를 시기하여 이렇게 비방했다. "한비는 한나라의 공자입니다. 지금 왕께서 천하를 통일하려 하시는데, 한비는 결국 한나라를 위하지 진나라를 위하지 않으리라는 것은 인지상정입니다. 그러나 지금 왕께서 등용하지 않고 오랫동안 억류했다가 돌려보낸다면 이는 스스로 후환을 남기는 일이오니, 차라리 잘못을 잡아내어 법대로 처형하시는 것이 좋을 것입니다." 진 왕은 그 말을 그럴듯하게 여겨 옥리에게 한비를 넘겨 처리하도록 했다. 이사는 사람을 시켜 한비에게 사약을 보내어 자살하도록 했다. 한비는 직접 진 왕에게 진언하고자 하였으나 진 왕을 만날 길이 없었다. 진 왕은 이를 후회하고 사신을 보내 한비를 사면하려 했으나 한비는 이미 죽은 뒤였다.

-『사기』,「노자한비열전」

한비자의 죽음은 대단히 허무하다. 조국인 한나라에서도, 적국인 진나라에서도 버림받고 심지어 같이 공부한 사이인 이사로부터도 배신당하고 말았다. 그에게 남은 것은 『한비자』라는 책뿐이었다.

한비자를 진 왕에게 소개하고, 또 죽음에까지 이르게 한 이사는 누구인가? 그는 한비자와 함께 순자에게서 공부한 인물이다. 즉 한비자와는 동창생이 되는 것이다.

04

한비자의 동창생인 이사,
한비자를 이기고 진 시황의 총애를 받다

이사는 초나라 출신이다. 그는 젊었을 때에 관청에 근무하였는데 관청의 변소에 사는 쥐들은 불안해하고 자주 도망가는 반면, 넓은 창고에 사는 쥐들은 놀라지 않고 여유 있는 것을 보고 사람도 이와 같으므로 출세를 하는 것이 중요하다고 생각했다.

이사는 출세를 위해 순자에게서 제왕의 통치술을 배웠다. 다 배운 후에는 진나라에 가서 진나라의 재상인 여불위의 식객으로 있다가 진 왕으로부터 벼슬을 얻게 되었다. 이사를 유명하게 만든 것은 「상진왕축객서」라는 글이었다.

한나라의 정국이라는 사람이 진나라를 이간질하려고 왔는데,

여기에 속은 진 왕은 모든 다른 나라 출신의 인재를 쫓아내라는 명령을 내렸다. 이사 역시 축출 대상이 되자 그는 이에 반대하는 글을 올렸다.

"대개 진나라에서 생산되지 않은 물건 중에 보배로운 것이 많으며, 진나라에서 태어나지 않은 인재 중에 충성을 바치려는 자가 많다. 지금 다른 나라 출신의 인재를 쫓아내면 적국을 이롭게 하고 진나라의 통일에 도움이 되지 않는다."

진 왕은 이 글을 읽고 인재 축출 명령을 취소하고, 이사에게 벼슬을 돌려주면서, 마침내 그의 계책을 수용했다. 20여 년 후에 결국 진나라는 천하를 병합했고, 이사는 진나라의 승상이 되었다.

이사, 제왕의 통치술을 배우고, 진 왕에게서 벼슬을 얻다

이사의 계책 중에 처음으로 채택된 것이 한나라를 공격하여 정복하는 것이었다. 한나라에서는 진나라가 쳐들어오자 한비자를 사신으로 보내 진 왕인 시황제와 한비자가 만나는 계기가 되었다.

이사는 시황제가 만나고 싶어하는 인물이 한비자임을 알고 그를 추천했지만 동시에 한비자를 경계했다. 왜냐하면, 순자에게서 배우던 시절에 한비자가 자신보다 뛰어나다는 사실을 알게 되었기 때문이다. 시황제와 한비자가 만나게 된다면 자신이 누리고 있는 지위를 잃어버리게 될 것이라는 불안감을 느꼈던 것이다.

그리하여 시황제에게 한비자가 진나라를 위해서가 아니라 한나라를 위해서 계책을 만든다고 모함했고, 이에 시황제는 한비자를 하옥하고 심문하게 했다. 그래서 한비자는 시황제를 만나보지도 못하고 이사가 보낸 독약을 마시고 자살할 수밖에 없었다.

이사는 진나라가 전국 시대를 통일한 이후 시황제가 사망하자 이세황제(재위: 기원전 210~기원전 207)를 둘러싸고 환관 조고와 대립하다가 패하여 아들과 함께 요참형(허리를 잘라 죽이는 사형방법)을 당하며, 일족이 다 사라지게 된다.

인정사정 없는 법가의 술책을 통해 수많은 사람을 죽게 한 그의 삶에 걸맞은 죽음이라는 평도 있을 만큼 냉혹한 인물이 바로 이사였다.

05

『한비자』는 어떤 책일까?

한비자를 죽게 한 이사는 진 시황이 전국 시대를 통일하는 데 큰 역할을 하고 그 과정을 주도한 인물이다. 그러나 사실 이사의 이론적 배경은 한비자가 제공했다. 한비자가 쓴 10만여 자의 책, 바로 『한비자』가 그 배경이었다.

『한비자』는 총 55편으로 이루어져 있다. 이 책의 원래 제목은 『한자(韓子)』였다고 한다. 한비자가 원래 한자로 불렸던 점을 생각하면 책 제목이 변한 이유를 짐작할 수 있다. 한비자가 이 책을 저술한 이유는 앞에서 언급한 바와 같이 약소국으로 전락한 조국 한나라의 부국강병을 이룰 수 있는 방법을 상소하기 위해서였다. 한나라의 왕이 제대로 된 통치에는 신경 쓰지 않고 한비자의 의견을 받아들이지 않자, 책으로 그의 의견을 서술한 것이다.

『한비자』는 자신의 주장을 서술한 글과 자신의 주장을 표현해줄 수 있는 이야기를 담은 글로 구성되어 있다. 물론 한비자 자신이 쓰지 않은 부분도 포함되어 있을 것으로 추측된다. 그렇지만 한비자 사상에 걸맞은 법가 사상이 일관된 글로 구성되어 있기 때문에 한비자의 책으로 보아도 무방하다.

한비자는 자신의 사상을 직접적으로 주장하는 방법 말고도 흥미진진한 일화를 활용한 표현법을 사용했다. 그래서 『한비자』에는 재미있는 이야기가 많이 등장한다.

이야기의 보고(寶庫), 『한비자』

한비자는 법가 사상가이므로 신분에 관계없이 법을 잘 지켜야 한다고 주장했다. 어느 날 왕이 중요한 일로 태자를 불렀다. 태자는 급하게 말을 타고 왕에게 달려갔다. 그런데 궁궐에서 왕이 있는 곳에 가려면 제사를 지내는 문묘를 지나야 하는데 그곳은 누구도 말을 타고 지날 수 없었다. 태자는 급한 마음에 말을 타고 지나려 했지만, 그곳을 지키는 문지기가 가로막았다. "이곳은 누구도 말을 타고 지나갈 수 없습니다"라고 하자, 태자는 "지금 왕께서 급하게 부르시니 여기서 지체할 수 없다"며 그냥 말을 타고 지나가려고 했다.

이에 그 문지기는 말을 멈추게 하고 말의 다리를 부러뜨렸다. 태자는 할 수 없이 말에서 내려 지나가야 했다. 이 말을 들은 왕은 그 문지기를 칭찬하며, "지키기 어려운 상황에서 법을 지키게 하고, 태자를 보고도 원칙을 굽히지 않았으니 훌륭하도다"라고 하며 특별 승진을 시켰다고 한다.

한편에서 보면 지나치게 고지식한 문지기라 할 수 있지만, 한비자는 어떤 상황에서도 원칙을 지키는 것이 중요하다는 것을 이런 일화를 통해 이야기하고 있다.

이와 같은 이야기는 또 있다. 한나라의 왕이 연회를 마치고 취해서 잠이 들었다. 왕의 모자를 담당하고 있는 자가 그것을 보고 왕이 추울까봐 왕에게 옷을 덮어주었다. 왕이 잠에서 깨서 누가 옷을 덮어주었는지 물었다. 왕의 모자를 담당하는 사람이 옷을 덮어주었다고 하자, 왕은 어떻게 했을까. 답은 왕의 옷을 담당하는 관리와 모자를 담당하는 관리 둘 다 벌을 받았다는 것이다. 한 사람은 자기 직무를 다하지 못해서, 또 한 사람은 자기의 직무가 아닌 일을 해서이다. 법가의 사상적인 특징을 잘 보여주는 이야기이다.

또한 현실적인 충고도 있다. 유명한 '수주대토(守株待兎)'라는 사자성어의 이야기이다. 수주대토라는 말은 '나무를 지키며 토끼를 기다림'이라는 의미이다.

어느 날, 농부가 밭을 갈고 있는데 토끼가 뛰어나오더니 농부를 보고 도망가다가 밭 가운데 있는 나무 그루터기에 꽝 부딪쳐서 목이 부러져 죽고 말았다. 농부는 난데없이 죽은 토끼를 장에 가서 팔아 돈을 벌게 되었다.

그때부터 농부는 농사지을 생각은 안 하고 나무 그루터기에서 토끼만 기다렸다. 토끼가 나타나 나무에 부딪쳐 죽으면 시장에 내다 팔 생각만 하고 있었지만, 두 번 다시 토끼는 나타나지 않았다. 농부는 농사도 짓지 않고 토끼만 기다렸기 때문에 토끼가 나타나지 않자 망했다는 이야기이다. 현실적으로 일어나기 힘든 행운에 기대어 자신의 본업을 잊은 농부에 대한 일침을 통해 행운이 아닌 행복을 찾으라는 가르침을 주고 있다.

몇 년 전 상영된 영화의 제목이기도 한 〈역린〉의 출전도 바로 『한비자』이다. 전통 시대 가장 중요한 의사결정권자는 바로 국왕이다. 제자백가의 사상가들이 아무리 능력이 있어도 훌륭한 왕을 만나지 않으면 자신의 뜻을 펴기 힘들었다. 또한 왕의 마음이 갑자기 변하면 때로 신하들로서는 죽음을 맞이하기도 하기 때문에 왕에 대한 태도는 대단히 중요한 것이었다.

한비자는 이를 '역린'이라는 말로 표현했다. 용을 만나면 용을 잘 길들여 탈 수는 있지만, 용의 턱 밑에 있는 거꾸로 박힌 비늘(역린)을 건드리면 용이 그 사람을 죽인다는 것이다. 왕에게도 이런 역린이 있기 때문에 왕을 상대하는 자는 반드시 역린을 조심해야 한다는 것이다.

이 밖에도 『한비자』에는 딱딱한 법가의 사상을 실은 책답지 않게 많은 이야기와 일화를 통해 법가의 사상을 설명하고 있다. 누구든 이 책을 통해 한비자의 주장에 귀 기울일 수 있도록 한 것이다.

진나라 멸망 후 한비자와 법가는 어떻게 되었나?

한비자는 조국인 한나라의 부국강병을 위해 책을 썼지만 그의 책은 적국인 진나라에서 인정받고 사상적으로 완성되었다. 비록 한비자 본인은 억울하게 죽었지만 그의 법가 사상과 부국강병책은 라이벌이자 함께 공부한 사이인 이사를 통해서 시황제의 전쟁을 통해서 실현되었고 마침내 진나라는 전국 시대를 통일했다.

통일 후 진 시황은 더욱더 강하게 법가의 정책을 추진했다. 덕분에 영토의 통일뿐 아니라 중국의 도로·문자·도량형 등이 통일되어 실질적인 통일 국가를 이룰 수 있었다. 그러나 이 과정에서 지나친 법가 정책의 추진은 여러 면에서 반발을 불러왔다. 진나라의 통일과 중앙집권 정책의 추진은 진나라와 법가에는 재앙이 었고, 뒤를 이은 한나라에는 축복이 되었다.

진 시황이 일으킨 가장 충격적인 사건은 분서갱유였다. 이 밖에도 과도한 중앙집권 정책의 추진과 융통성 없는 법가의 적용으로 반발 세력이 커지고 백성의 피로감이 커져 곳곳에서 반란과 암살 사건이 일어났다. 진 시황이 죽자 진나라는 너무도 어이없게 무너지게 되었다.

법가를 무분별하게 활용한 항우, 유가를 내세운 유방에게 패하다

진이 멸망하고 항우와 유방이 세력을 다투었다. 이때 세력이 컸던 항우가 패한 것도 당시 백성이 법가 통치에 대한 거부감이 큰 것이 원인이었다. 항우의 정책이 법가와 다를 바 없었기 때문이다. 그러므로 진나라 멸망 후 항우를 꺾고 등장한 한나라는 처음부터 법가가 아닌 유가 사상을 정책적으로 채용했다.

법가가 부활한 것은 당나라 때였다. 법가가 부활했다기보다는 당나라의 여러 제도와 법률이 체계적으로 갖춰지는 데 법가의 전통이 도움이 되었다고 볼 수 있다. 당나라의 법률과 행정체계를 '율령격식(律令格式)'이라고 한다. 율령격식은 형법·제도적인 규칙·칙령(황제의 명령)·율령의 시행규칙을 말한다.

한비자와 마키아벨리,
전쟁의 시대에 '부국강병'을 외치다

한비자와 마키아벨리는 시대적으로도 지역적으로도 너무나 멀어서 같이 비교의 대상이 되기 어려운 인물들이다. 그런데도 사람들은 둘을 종종 비교의 대상에 올려놓곤 한다. 아마도 둘 모두 '목적을 위해 수단과 방법을 가리지 않아야 한다'는 주장을 한 사람이라는 이미지가 형성되어 있기 때문일 것이다.

이 밖에도 비교의 대상이 되는 데는 몇 가지 공통점이 있기 때문이다. 우선 두 사람은 시대를 결정지을 수 있는 정치 이론을 만들어냈다는 점이다. 한비자와 마키아벨리가 살았던 시대는 분열과 전쟁의 시대였다. 한비자가 살았던 시대는 전국 시대가 마무리되어가던 시기로 전국 7웅이 막바지 쟁패를 벌이면서 합종과 연횡이 난무하고 그야말로 전쟁이 일상화된 시대였다. 살아남기 위해서는 전쟁에 이겨야만 하는 시대로 도덕과 예절이 중요한

것이 아니라 승리하는 자가 살아남는 시대였다.

마키아벨리가 살았던 시대 역시 이탈리아가 분열되어 있던 시대였다. 그가 살았던 시대는 유럽에서 중세가 마무리되면서 영국·프랑스·에스파냐 등에서 국왕 중심의 국가가 형성되면서 국민국가가 형성되어가던 시기였다. 하지만 이탈리아는 여전히 도시국가 중심이었다. 북부는 베네치아·밀라노·제노바 등의 도시가 중심이 되었고, 중부는 로마 교황청을 중심으로 피렌체·시에나 등의 도시가 발달했다. 남부는 나폴리 왕국이 지배하고 있었다. 유럽 전체가 도시 중심으로 발달하던 중세 시대에는 이탈리아의 도시들이 전 유럽의 중심이었다. 그래서 르네상스 문화가 이탈리아에서 먼저 발달할 정도였지만, 영국·프랑스·에스파냐에서 국왕 중심의 통일 국가가 등장하면서 이탈리아 도시국가들은 경제적으로도 정치적으로도 어려움을 겪을 수밖에 없었던 것이다. 마키아벨리는 이런 상황에서 이탈리아의 통일을 위해 연구하고 고민했던 사람이었다.

이런 점에서 한비자와 마키아벨리는 스스로 통치권자가 되지는 못했지만, 통치권자를 움직여 '통일' '부국강병'이라는 목표를 달성하기 위해 이론적인 연구결과를 만들어냈다는 공통점이 있다. 또한 전쟁이라는 냉혹한 현실을 이겨내기 위해서는 냉철하게 인간을 파악해야 하며, 목적을 위해서는 그 과정은 희생할 수 있어야 한다고 주장한 점에서도 공통점을 찾을 수 있다.

한비자의『한비자』와 함께 마키아벨리의『군주론』도 읽어보면서 그 공통점과 차이점을 음미해보는 것도 재미있는 책 읽기의 한 방법이 될 것이다.

법가의 전통이 법률로 이어지다

세계 최강대국이었던 당나라는 체계적으로 법률을 정리했는데, 이를 '율령격식'이라고 하였다. 이후 동아시아 각국은 이 '율령격식'을 수용하여 나라를 통치하는 기본으로 삼았다.

아무리 잘 만들어진 법률이라도 시대가 변하면 변화한 시대에 맞춰 개정해야 했다. 그래서 중국은 당나라 이후 송·원·명을 거치면서 법률도 정비했다. 명나라는 이를 정리하여 『대명률』이라 하였고, 조선은 건국(1392) 초부터 법률을 체계적으로 마련하기 시작해 성종 16년(1485)에 『경국대전』을 완성해 반포했다.

우리 안에 남아 있는 제자백가

지금까지 춘추전국 시대 가장 대표적인 제자백가를 살펴보았다. 우리가 살펴본 유가(공자·맹자·순자), 도가(장자·노자), 묵가(묵자), 법가(상앙·한비자)는 가장 대표적인 학파이자 사상가이므로 널리 알려져 있기도 하고 우리 삶에 큰 영향을 주고 있다.

춘추전국 시대 활약한 제자백가는 이 밖에도 굉장히 다양하다. 음양가(음양오행설)·명가(논리학파)·종횡가(외교술파)·잡가·농가 등이 공식적으로 인정되는 사상가이고 이 밖에도 다양한 사상이 나타났다.

춘추전국 시대는 지역으로는 중국을 가리키고 시대로는 지금부터 2,500년 전의 시대이다. 100년 전만 하더라도 상상하기 쉽지 않은데 2,500년 전이라니, 그것도 중국에서 발달한 학파와 사상가가 우리와 무슨 관계란 말인가. 왜 그 시대를 알아야 하고 공부해야 하는지 의문이 들 수도 있다.

이 시대는 기간이 약 550년에 걸친 매우 긴 시대였다. 이 기간 중에 주나라는 분열과 멸망을 겪었고, 중국의 사회와 경제는 대단히 큰 변화를 겪으며 발전했다. 그래서 이 시기를 구분하지 않고 긴 기간을 합쳐서 춘추전국 시대라고 부르곤 한다. 그러나 사실을 좀 더 살펴보면 춘추 시대와 전국 시대는 대단히 큰 차이를 보인다. 단순히 여러 나라들이 분열되어 있던 시기라고 해서 비슷하게만 보면 그 차이를 알 수 없게 된다.

춘추 시대는 주로 청동기가 사용된 시대이다. 청동기는 대개 상징적인 형태의 무기·제사용 도구·장신구로 만들어졌다. 일상생활에 사용되는 도구나 농기구 등은 여전히 석기 시대나 다름없었다. 그러므로 생산력의 발전에 한계가 있었다. 춘추 시대에 100개가 넘는 제후국이 함께 존재할 수 있었던 배경은 이런 이유로 각 나라의 생산력 차이와 국력의 차이가 적었기 때문이다.

전국 시대는 철기가 제대로 사용되기 시작한 시대이다. 철은 그 재료가 흔했기 때문에 철을 만드는 법이 발달함에 따라 곧 무기와 농기구, 일상생활을 점령하였다. 바야흐로 철기 시대가 된 것이다. 철은 청동기와 비교할 수 없을 만큼 단단하고 쉽게 만들 수도 있었다.

청동기나 석기로는 경작할 수 없는 땅도 철제 농기구로는 충분히 개간할 수 있었다. 더구나 소나 말 등의 가축을 농사에 이용하면서 생산력이 몇 배나 늘었다. 생산력이 높아지자 인구가 폭발적으로 늘어나게 되었다. 이러한 생산력과 인구증가를 바탕으로 전국 시대 여러 나라가 부국강병을 추구한 가운데 마침내 진나라가 통일을 이루어냈던 것이다.

혼란과 번영의 시기였던 전국 시대에 유가와 법가·도가·묵가는 서로 더욱더 치열하게 경쟁했다. 당대에는 그 성과를 잘 판단하기 힘들었겠지만, 진 시황의 통일로 법가 사상이 가장 적합한 통치법으로 여겨지기도 했다. 그러나 진나라는 오래가지 못했고 진 시황의 죽음 이후 곧 무너져 한나라가 성립되었다. 그리고 한나라는 진나라의 멸망 원인으로 법가를 지목하고 한나라의 국가 운영 사상으로 유가를 선택했다. 결국 유가는 이후 청나라까지 가장 중요한 사상이 되었다.

도가는 부국강병을 위한 사상이라기보다는 전쟁에 지친 사람을 위로하는 사상이었다. 이 때문에 춘추전국 이후에도 위진남북조 시대나 5대10국 시대 등 혼란한 시대에는 도교가 크게 유행했다. 이후에도 중국에서는 도교가 일상생활에 깊이 파고들어 오랫동안 지친 사람들의 삶을 위로했다.

묵가는 2,500년 전 동양이라고 생각되지 않을 정도로 혁신적인 사상을 제시했다. 그럼에도 시대적인 차이가 너무 커서 그 시대에는 받아들여지기가 쉽지 않았을 것이다. 그래서 춘추전국 시대가 끝난 후에는 완전히 사라지게 되었다. 오히려 근대 서구 사상의 유입 이후 중국에서 발생했던 근대적인 성격의 사상과 학파로 주목받았고, 지금도 동양의 가장 대표적인 학파이자 사상으로 인정되고 있다.

유가와 도가는 춘추전국 시대부터 지금까지 동양인의 삶에 큰 영향을 주고 있으며, 묵가와 법가는 현대사회에서 다시 영향력을 발휘하고 있다. 제자백가의 사상가와 그 학문의 성과는 현재의 사회를 만들어온 영양분이자 미래사회의 새로운 대안이다. 인간의 삶의 방식은 쉽게 바뀌지 않기 때문이다. 우리가 제자백가를 다시 살펴보고 공부해야 하는 이유이다.

참고도서

1. 국내서적

공원국, 『춘추전국이야기 6: 제자백가의 위대한 논쟁』, 위즈덤하우스, 2017.

기세춘, 『노자강의』, 바이북스, 2008.

기세춘, 『장자』, 바이북스, 2007.

김학주, 『(낮은 서민들을 대변하는) 묵자, 그 생애·사상과 묵가』, 명문당, 2014.

김학주, 『노자와 도가사상』, 명문당, 2007.

박문현, 『묵자 읽기』, 세창, 2014.

신동준, 『고전으로 분석한 춘추전국의 제자백가』, 인간사랑, 2014.

신동준, 『순자론』, 인간사랑, 2007.

윤무학, 『순자: 통일제국을 위한 비판철학자』, 성균관대학교 출판부, 2004.

윤재근, 『인물로 읽는 장자』, 나들목, 2004.

윤찬원, 『한비자: 덕치에서 법치로』, 살림, 2005.

임건순, 『묵자 — 공자를 딛고 일어선 천민 사상가』, 시대의창, 2013.

임건순, 『순자, 절름발이 자라가 천 리를 간다』, 시대의창, 2015.

임건순, 『제자백가 공동체를 말하다』, 서해문집, 2014.

장현근, 『상군서: 동양의 마키아벨리즘』, 살림, 2005.

장현근, 『순자: 예의로 세상을 바로잡는다』, 한길사, 2015.

조원일, 『순자의 철학사상』, 전남대학교 출판부, 2014.

2. 번역서적

정인생, 장순용 옮김, 『살아 있는 논어, 공자 이야기』, 팡세, 2013.

한비자, 이상수 옮김, 『이야기의 숲에서 한비자를 만나다』, 웅진지식하우스, 2007.

황준걸, 함영대 옮김, 『이천 년 맹자를 읽다』, 성균관대학교 출판부, 2016.

연표

시기	내용
기원전 771	신후가 북방의 견융과 함께 수도를 공격, 서주 왕조 멸망.
679	제 환공 관중을 등용하여 최초의 패자가 됨.
632	진 문공 제후 회합하여 패자가 됨.
597	초 장왕 패자가 됨.
551	공자 출생.
516	공자 35세. 노나라 소공 제나라 망명. 공자 제나라로 가다.
497	공자는 삼환 씨 세력 타도 실패 후 출국. 천하 주유 시작.
494	오왕 부차, 월왕 구천 격파.
484	공자(68세) 귀국.
479	공자 사망, 묵자 이 무렵 출생.
403	한·위·조, 제후로 인정받음. 전국 시대 시작.
372	맹자 출생.
359	진 효공, 상앙 등용 - 제1차 상앙 변법.
333	소진, 합종책 성립. 소진이 6국의 재상을 겸임.
289	맹자 사망.
259	진 왕 정(후일의 진시황) 출생.
221	진이 제를 멸망시키고 천하통일.

생각하는 힘－세계사컬렉션 05

제자백가 사상
춘추의 사상과 전국의 패권

펴낸날	**초판 1쇄 2018년 5월 15일**

지은이	**김상기**
펴낸이	**심만수**
펴낸곳	**(주)살림출판사**
출판등록	**1989년 11월 1일 제9-210호**

주소	**경기도 파주시 광인사길 30**
전화	**031-955-1350** 팩스 **031-624-1356**
홈페이지	**http://www.sallimbooks.com**
이메일	**book@sallimbooks.com**

ISBN	**978-89-522-3849-8 04900**
	978-89-522-3910-5 04900(세트)

※ 값은 뒤표지에 있습니다.
※ 잘못 만들어진 책은 구입하신 서점에서 바꾸어 드립니다.
※ 각각의 그림에 대한 저작권을 찾아보았지만, 찾아지지 못한 그림은
    저작권자를 알려주시면 대가를 지불하겠습니다.

이 도서의 국립중앙도서관 출판예정도서목록(CIP)은 서지정보유통지원시스템 홈페이지
(http://seoji.nl.go.kr)와 국가자료종합목록시스템(http://www.nl.go.kr/kolisnet)에서
이용하실 수 있습니다.(CIP제어번호: CIP2018004662)

책임편집·교정교열 **서상미 김지은**   지도 일러스트 **김태욱**